[Wissen für die Praxis]

Weiterführend empfehlen wir:

Pflegereform 2015:
Das neue SGB XI,
PflegeZG und FPfZG
ISBN 978-3-8029-7323-9

Pflegestufe abgelehnt: Was tun?
ISBN 978-3-8029-7327-7

Das aktuelle Handbuch
Ehegattentestament
ISBN 978-3-8029-3479-7

Das aktuelle Handbuch
der Pflegestufen
ISBN 978-3-8029-7357-4

Das aktuelle Vorsorge-Handbuch
ISBN 978-3-8029-1329-7

Das aktuelle Handbuch
Testament
ISBN 978-3-8029-3472-8

Wir freuen uns über Ihr Interesse an diesem Buch. Gerne stellen wir Ihnen kostenlos zusätzliche Informationen zu diesem Programmsegment zur Verfügung.

Bitte sprechen Sie uns an:

E-Mail: WALHALLA@WALHALLA.de
http://www.WALHALLA.de

Walhalla Fachverlag · Haus an der Eisernen Brücke · 93042 Regensburg
Telefon 0941 5684-0 · Telefax 0941 5684-111

Heike Bohnes

Recht in der Pflege und in Gesundheits- berufen

Die wichtigsten Rechtsfragen schnell klären

Vom Abschluss des Pflegevertrags bis zum Nottestament

Bibliografische Information der Deutschen Nationalbibliothek
Die Deutsche Nationalbibliothek verzeichnet diese Publikation in der Deutschen
Nationalbibliografie; detaillierte bibliografische Daten sind im Internet über
http://dnb.dnb.de abrufbar.

Zitiervorschlag:
Heike Bohnes, Recht in der Pflege und in Gesundheitsberufen
Walhalla Fachverlag, Regensburg 2015

Hinweis: Unsere Werke sind stets bemüht, Sie nach bestem Wissen zu informieren.
Die vorliegende Ausgabe beruht auf dem Stand von April 2015. Verbindliche Auskünfte
holen Sie gegebenenfalls bei einem Rechtsanwalt ein.

Produktion: Walhalla Fachverlag, 93042 Regensburg
Printed in Germany
ISBN 978-3-8029-7326-0

SBL-KDM-0415-20327-O

Schnellübersicht

1
2
3
4
5
6
7
8

Vorwort

Als Pflegekraft oder Pflegeberater werden Sie immer wieder mit rechtlich relevanten Situationen und Fragen konfrontiert, die Sie einschätzen bzw. beantworten müssen.

Doch was ist „Recht" eigentlich? Genau genommen besteht das Recht vor allem aus Sprache. Denn alles, was damit zu tun hat, beruht auf Gesetzen, Urteilen, Gutachten und Fachliteratur. Zudem werden diese Worte in eine schwierige Fachsprache gekleidet, die sich durch eine sehr hohe Abstraktion auszeichnet. Zu dieser Abstraktion kommt es vor allem durch die speziellen juristischen Begriffe und oft stark verschachtelten Sätze mit vielen Substantiven.

Für den Laien ist diese Sprache schwer verständlich. Aber nicht nur die Sprache, auch das Denken, die Juristen eigene rechtliche Logik kann man als juristischer Laie nicht immer nachvollziehen.

Die meisten Rechtsvorschriften regeln mehr oder weniger unser Zusammenleben in einer Gesellschaft von vielen Individuen. Sie beschreiben, welche Rechte und welche Pflichten der Einzelne hat. Das Recht gehört also zu den Grundlagen unserer demokratischen Gesellschaft. Betroffen sind alle Lebensbereiche, somit auch Ihr Arbeitspaltz im Pflege- und Gesundheitswesen.

Für Sie und Ihre Klienten ist es zum einen hilfreich zu wissen, worum es in bestimmten Rechtsbereichen geht; zum anderen muss es Ihnen gelingen, in bestimmten Situationen auch Lösungsvorschläge zu machen.

Denn für verunsicherte Personen ist es oft schon hilfreich, wenn sie sich den Weg, der aus ihrer Problemsituation herausführen kann, zumindest vorstellen können.

Dieses Buch soll Ihnen helfen, Probleme, die in Ihrem Berufsalltag auftauchen, rechtlich zu bewerten und Ihre Patienten oder Bewohner darüber informieren und beraten zu können.

Dabei ist es gar nicht notwendig, dass Sie alles ganz genau wissen. Denn Sie können dieses Handbuch als ständigen Ratgeber bei Ihrer täglichen Arbeit einsetzen. Sie erhalten in aller Kürze die für Sie notwendigen Auskünfte.

Es ist nicht erforderlich, dass Sie dieses Buch von Anfang bis Ende durchlesen. Sie können auch nur einzelne Kapitel, die Sie interessieren lesen.

Nutzen Sie dieses Handbuch immer dann, wenn ein rechtliches Problem auftritt. Schauen Sie im Stichwortverzeichnis nach, ob Sie ein passendes Stichwort für Ihre Fragestellung finden, und lesen Sie dann nur die Informationen nach, die Sie in diesem Moment wirklich benötigen.

Heike Bohnes

Vertragsrecht

1

Grundsätzliches zu zivilrechtlichen Verträgen

Der Vertrag als solches ist in § 145 Bürgerliches Gesetzbuch (BGB) geregelt. Hier heißt es: *„Wer einem anderen die Schließung eines Vertrags anträgt, ist an den Antrag gebunden, es sei denn, dass er die Gebundenheit ausgeschlossen hat."* Im Grunde ist dieser Paragraph bereits ein gutes Beispiel für die typische Sprache der Juristen.

Beispiel:

Sie bitten einen Bekannten, dass er Sie mit seinem Auto für 1.500 Euro inklusive Spritkosten von Köln nach Berlin fährt. Damit fordern Sie Ihr Gegenüber auf, mit Ihnen einen Vertrag zu schließen. Es handelt sich somit um einen Antrag zum Vertragsschluss. Nimmt Ihr Gegenüber diesen Antrag an, das heißt, erklärt er sich damit einverstanden, haben Sie beide einen mündlichen Vertrag geschlossen. An diesen Vertrag sind Sie gebunden, selbst wenn Ihnen auffällt, dass die von Ihnen angebotenen 1.500 Euro für die Berlinfahrt völlig überteuert sind. Sie müssen dem anderen dafür, dass er Sie mit seinem Auto nach Berlin fährt, 1.500 Euro zahlen. Nur wenn Sie dem „anderen" ausdrücklich gesagt haben, dass Ihr Angebot von 1.500 Euro unverbindlich ist, sind Sie nicht an Ihr Angebot gebunden.

In dem obigen Beispiel handelt es sich um einen Dienstleistungsvertrag. Die Grundsätze sind aber für alle Arten von Verträgen gleich. Entscheidend ist zunächst, dass der Vertrag aus zwei inhaltlich übereinstimmenden Willenserklärungen von mindestens zwei Personen besteht.

Beispiel:

Eine Patientin bittet Sie, ihr bei Ihrem nächsten Hausbesuch ein bestimmtes Buch aus der Buchhandlung mitzubringen. Sie weiß, was das Buch kostet, und gibt Ihnen das Geld abgezählt mit. Sie gehen nachmittags in die Buchhandlung, kaufen das Buch und bringen es am nächsten Tag Ihrer Patientin zum Hausbesuch mit.

Auch hier haben Sie mit Ihrer Patientin einen Vertrag geschlossen. Die inhaltlich übereinstimmenden Willenserklärungen sind folgende:

- die Willenserklärung Ihrer Patientin, dass Sie ihr ein bestimmtes Buch kaufen sollen

- Ihre Willenserklärung in Form Ihres Einverständnisses, dieser Bitte nachzukommen, indem Sie sich bereit erklären, das Buch zu kaufen.

1

Die Willenserklärungen stimmen inhaltlich überein, wenn beide Beteiligte mit ihrer jeweiligen Erklärung dasselbe Ziel verfolgen. Im obigen Beispiel ist das gemeinsame Ziel, dass Ihre Patientin ein bestimmtes Buch erhalten wird.

In den meisten Verträgen einigen sich die Vertragspartner darüber, einander bestimmte Leistungen gewähren zu wollen. Schließen Sie beispielsweise mit einer Pflegeeinrichtung einen Arbeitsvertrag, verpflichten Sie sich, Ihre Arbeit vertragsgemäß zu erbringen. Im Gegenzug verpflichtet sich der Träger der Pflegeeinrichtung, Ihre Arbeitsleistung zu vergüten. Wenn ein Vertrag geschlossen wird, ist er für die beteiligten Parteien verbindlich. Dabei ist es egal, ob der Vertrag schriftlich oder mündlich abgeschlossen wurde.

Wichtig: Darüber hinaus gibt es unterschiedliche Formen von Verträgen, beispielsweise den Kauf-, Schenkungs-, Miet- oder Arbeitsvertrag, mit denen Sie in Ihrem Berufsalltag regelmäßig zu tun haben.

Arbeitsvertrag

Wer im Bereich Pflege und Gesundheit nicht als selbstständiger Unternehmer arbeitet (z. B. einen eigenen Pflegedienst betreibt), schließt mit seinem Arbeitgeber einen Arbeitsvertrag.

Arbeitsverträge haben eine Besonderheit. Sie beinhalten nicht nur die Willenserklärungen der Vertragspartner (Arbeitgeber und Arbeitnehmer), sondern auch einige Vorschriften, die den Arbeitnehmer schützen sollen. Dieses Schutzbedürfnis wird mit der unterlegenen Stellung des Arbeitnehmers gegenüber dem Arbeitgeber begründet. Deshalb ist der Arbeitsvertrag nur dann für beide Parteien verbindlich, wenn er inhaltlich nicht gegen diese Schutzvorschriften verstößt.

Trotzdem kann auch der Arbeitsvertrag bloß mündlich geschlossen werden. Ein schriftlicher Arbeitsvertrag ist nur erforderlich, wenn eine Rechtsvorschrift, wie etwa ein Tarifvertrag, dies ausdrücklich verlangt.

So muss Ihr Arbeitgeber, wenn er mit Ihnen keinen schriftlichen Arbeitsvertrag schließt, innerhalb eines Monats nach Aufnahme der Arbeit eine von ihm unterschriebene Niederschrift über die wesentlichen Arbeitsbedingungen aushändigen (§ 2 Nachweisgesetz). In eine solche Niederschrift oder den Arbeitsvertrag gehören die folgenden Angaben:

- Name und Anschriften der Vertragsparteien
- Hinweise auf Tarifverträge, Betriebs- oder Dienstvereinbarungen
- Zeitpunkt des Beginns des Arbeitsverhältnisses
- vorhersehbare Dauer des Arbeitsverhältnisses (befristet oder unbefristet)
- Beschreibung der zu leistenden Tätigkeit
- Zusammensetzung und Höhe des Arbeitsentgelts, auch Zuschläge oder Zulagen
- Fälligkeit des Arbeitsentgelts
- vereinbarte Arbeitszeit
- Dauer des jährlichen Erholungsurlaubs
- Kündigungsfristen
- Hinweise auf Tarifverträge, Betriebs- oder Dienstvereinbarungen, soweit vorhanden

Praxis-Tipp:

Selbst wenn Ihr Arbeitgeber verpflichtet ist, die wichtigsten Eckdaten Ihrer vertraglichen Beziehung wie oben dargestellt schriftlich zu bestätigen, sollten Sie aus Beweisgründen bei Vertragsschluss auf einer schriftlichen Vereinbarung bestehen. Ein Arbeitgeber, der sich weigert, in diesem Punkt auf Ihre Wünsche einzugehen, ist unseriös.

Behandlungsvertrag

Auch eine medizinische Behandlung erfolgt auf der Grundlage eines Vertrages – dem Behandlungsvertrag. Der Behandlungsvertrag ist eine besondere Form des Dienstvertrags, der seit 2013 in § 630a BGB geregelt ist. Unter dem Begriff „Behandlung" versteht man eine entgeltliche medizinische Behandlung. Das sind:

- Untersuchungen und Diagnosen, die ein Arzt oder anderer Behandler (z. B. Heilpraktiker) stellt

- Therapien, die vom Arzt und Therapeuten durchgeführt werden

- Eingriffe und Behandlungen am Körper eines Menschen, wie sie auch von Pflegekräften durchgeführt werden

1

Beispiel:

Frau Müller wird nach einer Operation aus dem Krankenhaus entlassen. Um eine Thrombose zu vermeiden, soll sie noch eine Woche lang Heparin gespritzt bekommen. Wegen ihrer eingeschränkten Feinmotorik und einer starken Sehbehinderung kann Frau Müller sich nicht selbst spritzen. Der Hausarzt verordnet ihr daher die Injektionsgabe als Behandlungspflege durch einen Pflegedienst.

Um eine Behandlung, wie etwa eine Injektionsgabe durchführen zu können, schließt der Pflegedienst mit dem betreffenden Patienten einen Behandlungsvertrag. Der Behandlungsvertrag wird nur im medizinischen Bereich geschlossen, etwa zwischen Arzt oder Krankenhaus und Patient oder Pflegedienst und Patient. Sind Sie als Pflegekraft bei dem Pflegedienst angestellt und geben dem Patienten die Injektion, führen Sie damit die vom Pflegedienst vertraglich vereinbarte Behandlung als sogenannter Erfüllungsgehilfe durch.

Durch den Behandlungsvertrag wird der Pflegedienst als derjenige, der die medizinische Behandlung des Patienten übernommen hat, zur Leistung der versprochenen Behandlung verpflichtet. Zudem muss der Pflegedienst gewährleisten, dass Sie als Erfüllungsgehilfe die Behandlung nach den aktuell bestehenden, allgemein anerkannten fachlichen Standards erbringen.

Was versteht man unter einem Erfüllungsgehilfen?

Ein Erfüllungsgehilfe im Sinne des § 278 BGB ist eine Hilfsperson, die dem eigentlichen Schuldner bei der Erfüllung seiner Verpflichtungen hilft. Das heißt, der Pflegedienst verpflichtet sich zunächst durch Vertragsschluss, die im Behandlungs- oder Pflegevertrag vereinbarten Leistungen im Haushalt des Kranken oder Pflegebedürftigen zu erbringen.

In vielen Fällen übernimmt der Inhaber des Pflegedienstes diese Leistungen nicht persönlich. Deshalb beauftragt er eine bei ihm angestellte Pflegekraft mit der Ausführung. Die Pflegekraft ist dadurch der Erfüllungsgehilfe des Pflegedienstinhabers. Folge: Der Pflegedienstinhaber kann sich bei Fehlern seiner Mitarbeiter nicht herausreden, dass er ja gar nichts gemacht habe. Er haftet auch für die Fehler seiner Mitarbeiter.

1

Der Patient wird als Vertragspartner im Gegenzug dazu verpflichtet, die vereinbarte Vergütung zu zahlen, wenn nicht ein Dritter, etwa die Kranken- oder Pflegekasse zur Zahlung verpflichtet ist. In unserem Beispiel von Frau Müller ist es wie in den meisten Fällen die Krankenversicherung. Sie zahlt die notwendigen Behandlungskosten. Daneben kommen auch die Pflege- und Unfallversicherung als Leistungsträger in Betracht.

In einigen Fällen muss kein Leistungsträger zahlen. In diesen Fällen trägt der Patient die Kosten selbst. Das sind zum Beispiel Eigenanteile beim Zahnarzt, Mehrleistungsvergütungen bei Zahnfüllungen, IGel-Leistungen (Individuelle Gesundheitsleistungen), die von den verschiedenen Behandlern zusätzlich angeboten werden. Letztere sind privat zu zahlen, das heißt aus eigener Tasche.

Die gesetzlichen Krankenversicherungen übernehmen die Kosten nicht, die privaten Krankenversicherungen in vielen Fällen dagegen schon. Der Behandler muss über die voraussichtlichen Kosten für Mehrleistungen schriftlich informieren.

Wichtig: Während der Verkäufer in einem Kaufvertrag dem Käufer die verkaufte Ware in der versprochenen Qualität schuldet, schulden Sie als Behandler vertraglich zwar die Behandlung, nicht aber einen bestimmten Behandlungserfolg. Grund: Die Vorgänge im menschlichen Körper sind sehr komplex und nicht hundertprozentig beherrschbar. Deshalb kann ein Erfolg der Behandlung in der Regel nicht vertraglich zugesichert werden. Ausnahme: Zahnbehandlungen und Schönheitsoperationen.

In vielen Fällen, etwa beim Arzt, wird der Behandlungsvertrag nicht schriftlich geschlossen. Der Vertragsabschluss kommt vielmehr durch das Einvernehmen von Arzt und Patient, sogenanntes konkludentes Handeln, zustande. Von „Einvernehmen" spricht man, wenn sich zwei Parteien über eine Vorgehensweise einig sind. Wenn zum Beispiel der Patient den Arzt in der Praxis aufsucht, will er in aller Regel von diesem Arzt behandelt werden. Während der Arzt seine Praxis betreibt, um Patienten zu behandeln.

Bei der Behandlung eines bewusstlosen Patienten kommt zwar kein Vertrag zustande. Rechtlich handelt es sich um eine sogenannte Geschäftsführung ohne Auftrag gemäß den §§ 677 ff. BGB. Der Behandelnde handelt ohne Auftrag des Patienten, aber in dessen Interesse. Daraus folgt ein Honoraranspruch des Behandelnden; der Patient hat seinerseits Schadensersatzansprüche, sollte es zu einem Behandlungsfehler mit Folgen gekommen sein.

Wesentliche Faktoren eines Behandlungsvertrags

- Der Behandelnde muss die versprochene Leistung erbringen

- Der Patient hat die vereinbarte Vergütung zu zahlen, soweit dies kein Dritter übernimmt, wie etwa die Krankenkassen

- Die Behandlung muss den jeweils aktuellen allgemein anerkannten fachlichen Standards entsprechen

Wichtige Urteile: Behandlungspflege durch Angehörige nur ausnahmsweise

In vielen Fällen versuchen die Krankenversicherer „einfache Behandlungspflegen", wie etwa das Messen des Blutzuckerspiegels, die Medikamentengabe, subkutane Injektionen bei Diabetikern oder das Anziehen von Kompressionsstrümpfen an die Angehörigen zu delegieren. Damit sollen Kosten für einen Pflegedienst eingespart werden. Allerdings kann kein Angehöriger gezwungen werden, diese Leistungen zu erbringen. Machen Sie Ihre Kunden gegebenenfalls darauf aufmerksam. Weisen Sie auf die einschlägige Rechtsprechung hierzu hin (BSG, Urteil vom 30.03.2000, Az. B 3 KR 23/99 R und SG Dortmund, Urteil vom 23.01.2008, Az. KR 259/05). Die Gerichte sehen zwei Voraussetzungen als unabdingbar an, damit Angehörige statt eines Pflegedienstes die Behandlungspflege übernehmen:

- der Patient muss bereit sein, sich von seinem Angehörigen behandeln zu lassen und

- der pflegende Angehörige muss mit der Durchführung der Behandlungspflege einverstanden sein.

Ist nur eine der beiden Voraussetzungen nicht erfüllt, etwa wenn der Angehörige sich nicht traut, den Pflegebedürftigen zu spritzen, muss die Krankenversicherung die Durchführung der Behandlungspflege durch den Pflegedienst bezahlen.

Pflegevertrag

Vom Behandlungsvertrag zu unterscheiden ist der Pflegevertrag. Diese Art von Vertrag schließen in der Regel die Pflegedienste mit Privatpersonen, die häusliche Pflege in Anspruch nehmen. Die Pflegebedürftigen beziehen dafür sogenannte Pflegesachleistungen von der Pflegeversicherung, die je nach Pflegestufe geregelt sind. Selbstverständlich können diese Leistungen auch aufgrund einer vertraglichen Vereinbarung ohne vorherige Feststellung einer Pflegestufe erbracht werden. Dann muss die zu pflegende Person den Dienst aus eigener Tasche zahlen.

Beispiel:

Bei Herrn Michel konnte keine Pflegebdürftigkeit im Sinne des § 15 SGB XI festgestellt werden. Dennoch benötigt er Hilfe beim Duschen und Ankleiden. Diese Leistungen kann er mit einem Pflegedienst vereinbaren. Dazu schließt er mit dem Pflegedienst keinen Behandlungs-, sondern einen Pflegevertrag ab. Im Pflegevertrag ist geregelt, welche Pflegeleistungen und hauswirtschaftliche Versorgung der Pflegedienst zu welchen Kosten ausführen wird. Ob Herr Michel eine Pflegestufe hat, ist für den Vertrag unerheblich.

Es ist gesetzlich vorgeschrieben (§ 120 SGB XI), dass der Pflegevertrag vom Pflegedienst vor der Arbeitsaufnahme schriftlich mit dem Kunden abgeschlossen wird. Zumeist werden hier standardisierte Verträge verwendet. Im Vertrag wird festgehalten, welche Leistungen erbracht werden sollen und was diese gegebenenfalls nach Abzug der Leistungen der Pflegekasse kosten werden.

Die nachfolgenden 10 Punkte müssen im Pflegevertrag geregelt sein:

1. Wer sind die Vertragspartner?
Vertragspartner sind in der Regel der Pflegebedürftige selbst und der Pflegedienst. Auch wenn eine gesetzliche Betreuung oder eine Vorsorgevollmacht besteht, ist der Pflegebedürftige der Vertragspartner. Der Betreuer oder aber der Bevollmächtigte handelt nur für ihn. Würde beispielsweise der Bevollmächtigte als Vertragspartner benannt, könnte der Pflegedienst diesen auch finanziell in Anspruch nehmen, etwa wenn die Leistungen der Pflegeversicherung zur Begleichung der Rechnungen nicht ausreichen.

2. Besteht eine Wahlmöglichkeit bei den Leistungen?

Der Pflegebedürftige erhält zur Auswahl seiner Versorgung zwei Kostenvoranschläge. Zur Erstellung dieses Kostenvoranschlags erfolgt ein sogenanntes Erstgespräch mit einer Pflegekraft des Pflegedienstes. In diesem Gespräch werden der Hilfebedarf und die möglichen Leistungen des Pflegedienstes besprochen.

1

3. Welche Leistungen sind geschuldet und welche Kosten entstehen dadurch?

Die vereinbarten Leistungen müssen genau beschrieben sein. Alle Leistungen, die vereinbart werden, sollten mit Einzelpreisen benannt sein. Zudem müssen gegebenenfalls die Investitionskosten (bundeslandabhängig) und die Gesamtkosten nachvollziehbar aufgeführt sein. Der Pflegebedürftige muss erkennen können, welche Kosten die Pflegekasse und/oder Krankenkasse übernimmt und wie hoch sein zu zahlender Eigenanteil sein wird. Deshalb ist auch eine Entgelterhöhung, die rückwirkend gilt, unzulässig.

4. Besteht ein Anspruch auf Leistungsnachweise?

Pflegebedürftige zeichnen am Monatsende sogenannte Leistungsnachweise ab, die der Pflegedienst zur Abrechnung an die Pflegekasse schickt. Die in diesen Nachweisen aufgeführten und vom Pflegebedürftigen bestätigten Leistungen werden von der Pflegekasse bis zum Höchstbetrag der pflegestufenbezogenen Pflegesachleistung bezahlt. Um nachvollziehen zu können, was der Pflegedienst mit der Pflegekasse abrechnet, sollte im Pflegevertrag festgelegt sein, dass der Pflegebedürftige die Leistungsnachweise nicht nur unterschreibt, sondern auch eine Kopie erhält.

5. Gibt es Regelungen in Bezug auf die Pflegedokumentation?

Der Pflegedienst muss die Pflege dokumentieren, dass sichergestellt ist, welche Leistungen beim Pflegebedürftigen grundsätzlich erforderlich sind. Dazu erstellt er auch eine Pflegeplanung. Teilt sich der Pflegedienst die Hilfen mit einem Angehörigen oder anderen Dienstleistern, sollte die Pflegeplanung auch beinhalten, wer die jeweiligen Hilfestellungen erbringt (z. B. Angehörige). Auch Besonderheiten in der Pflege bzw. im Allgemeinzustand des Pflegebedürftigen werden in der Pflegedokumentation festgehalten. Die Pflegedokumentation liegt in der Regel beim Pflegebedürftigen und kann von den am Hilfeprozess Beteiligten jederzeit eingesehen werden. Denn nur so können die aktuelle Pflegesituation und mögliche Veränderungen von allen Beteiligten nachvollzogen werden.

1

6. Wie erfolgt die Rechnungsstellung?

Voraus- oder Abschlagsrechnungen sind nicht üblich. Leistungen, die von der Pflege- oder Krankenkasse zu begleichen sind, rechnet der Pflegedienst direkt mit ihnen ab. Üblich ist, dass Pflegedienste ihre Rechnungen am Monatsanfang für den vorhergehenden Monat erstellen.

7. Bis wann können Pflegeeinsätze kostenfrei abgesagt werden?

Der Vertrag sollte eine Vereinbarung enthalten, bis zu welchem Zeitpunkt der Pflegebedürftige den Einsatz des Pflegedienstes kostenfrei absagen kann, etwa wenn er einen Arzttermin wahrnehmen möchte oder ausnahmsweise von einem Angehörigen gepflegt wird.

8. Wie erhalten die Pflegekräfte Zugang zum Pflegebedürftigen?

Um den Pflegebedürftigen unterstützen zu können, müssen die Pflegekräfte Zugang zur Wohnung erhalten. Dies kann unterschiedlich geschehen, etwa durch das Öffnen des Pflegebedürftigen, Klingeln bei einem Nachbarn oder Aushändigung des Wohnungsschlüssels.

9. Was passiert, wenn ein Mitarbeiter des Pflegedienstes einen Schaden verursacht?

Für den Fall, dass Mitarbeiter des Pflegedienstes Schäden verursachen, etwa den Haus- oder Wohnungsschlüssel verlieren oder Porzellan zerbrechen, muss eine Haftungsregelung vorhanden sein. Hier ist es wichtig zu wissen, dass Schadensersatzansprüche schwer durchzusetzen sind, wenn die vertragliche Haftungsregelung auf Vorsatz oder grobe Fahrlässigkeit beschränkt ist. Die Haftung lässt sich allerdings nicht auf grobe Fahrlässigkeit beschränken, wenn es um „Kardinalpflichten" geht. Dazu zählt unter anderem die Schlüsselaufbewahrung. Geht ein Schlüssel zur Wohnung eines Pflegebedürftigen verloren und kommt es dadurch zu einem Schaden, haftet der Pflegedienst auch schon bei einfacher Fahrlässigkeit (OLG Stuttgart, Urteil vom 31.07.2008, Az. 2 U 17/08 und OLG Schleswig-Holstein, Urteil vom 01.09.2009, Az. 2 U 4/08).

10. Welche Kündigungsfristen bestehen?

Nach einem Urteil des Bundesgerichtshofs kann jeder Vertrag mit einem Pflegedienst vom Pflegebedürftigen fristlos gekündigt werden (BGH, Urteil vom 09.06.2011, Az. III ZR 203/10). Begründet wird dies damit, dass pflegerische Dienstleistungen die Intimsphäre des Patienten besonders berühren.

1

Der Pflegedienst selbst sollte allerdings nur mit einer längeren Frist, zum Beispiel vier Wochen, kündigen können, damit der Patient Zeit genug hat, einen neuen Pflegedienst zu finden. Der Pflegevertrag endet immer mit dem Tod des Pflegebedürftigen. Kommt der Pflegebedürftige ins Krankenhaus, ruht der Pflegevertrag; es können keine Leistungen abgerechnet werden.

Übersicht: Welche Leistungskomplexe bieten Pflegedienste

■ Die Pflegedienste vereinbaren mit den Pflegekassen bestimmte Leistungsinhalte in den Bereichen Körperpflege, Mobilität, Ernährung und Hauswirtschaft. Diese Inhalte werden zu einzelnen Leistungskomplexen zusammengefasst und haben einen festgelegten Punktwert, der den Preis bestimmt.

■ Inhalt der Leistungskomplexe kann ein kleines oder großes Bündel an Hilfestellungen sein, die vom Pflegedienst zu dem mit den Pflegekassen vereinbarten Preis erbracht werden müssen. Die Leistungskomplexe werden zwischen den Pflegediensten und Pflegekassen für jedes Bundesland einzeln verhandelt. So beinhaltet der Leistungskomplex „Ganzwaschung" (LK1) in NRW folgende Hilfestellungen: Waschen, Duschen, Baden, Mund-, Zahn- und Lippenpflege, Rasieren, Hautpflege, Haarpflege (Kämmen, ggf. Waschen), Nagelpflege, An- und Auskleiden einschließlich An- und Ablegen von Körperersatzstücken, Vorbereiten/Aufräumen des Pflegebereiches.

■ Insgesamt sind die Leistungskomplexe in den Bundesländern sehr ähnlich gestaltet. Informationen, welche Inhalte die Leistungskomplexe in Ihrem Bundesland genau haben, erhalten Sie von der Pflegekasse oder im Internet.

Heimvertrag

Mit einem Heimvertrag verpflichtet sich ein Unternehmer (Heimträger) einer Privatperson (Heimbewohner) gegenüber, Wohnraum zu überlassen und Pflege- oder Betreuungsleistungen zu erbringen.

Heimverträge unterliegen dem Wohn- und Betreuungsvertragsgesetz (kurz: WBVG).

1

> **Beispiel:**
>
> Herr Karl leidet an Parkinson und wird seit zwei Jahren von seiner Frau und einem Pflegedienst gepflegt. Aufgrund der zunehmenden Muskelsteifigkeit wird die Pflege immer schwieriger und zeitaufwendiger. Zudem ist die parkinsonbedingte Demenzerkrankung bei Herrn Karl schon weit fortgeschritten. Der Pflegedienst empfiehlt der Ehefrau deshalb, ihren Mann in ein Pflegeheim zu bringen.

Wenn die häusliche Pflege wie bei Herrn Karl aufgrund einer fortgeschrittenen Erkrankung nicht mehr sichergestellt werden kann, ist ein Heimeinzug unumgänglich. Die meisten Menschen gehen zwar nicht gerne in ein Pflegeheim, verhindern lässt sich diese Entwicklung aber nicht immer.

Das Wohnen in einem Heim setzt voraus, dass zwischen dem Heimträger und dem Pflegebedürftigen ein Heimvertrag geschlossen wird. Ein Heimvertrag kann auf Zeit, wie etwa bei der Kurzzeitpflege, oder auf Dauer abgeschlossen werden. Voraussetzung ist, dass die Person pflegebedürftig im Sinne des § 14 SGB XI und kein Fall fürs Krankenhaus ist. Das muss durch einen von der Pflegeversicherung beauftragten Gutachter (in der Regel vom medizinischen Dienst der Krankenkasse) festgestellt worden sein.

Der Heimvertrag regelt die Rechte und Pflichten des Pflegebedürftigen und des Pflegeheimes, er muss bestimmte Bedingungen erfüllen.

1. Welche Informationen muss der Heimbetreiber einem Interessenten vor Vertragsabschluss geben?

Der zukünftige Bewohner bzw. sein Vertreter muss den Vertragsinhalt vor dem Vertragsabschluss in leicht verständlicher Sprache schriftlich ausgehändigt bekommen. So soll der Interessent die Möglichkeit erhalten, den Inhalt in Ruhe selbst zu prüfen oder von Angehörigen oder einem Anwalt überprüfen zu lassen. Zudem kann er nur so mehrere Angebote vergleichen. Die Informationspflicht des Trägers umfasst auch die Ergebnisse der Prüfungen des Medizinischen Dienstes der Krankenversicherung (MDK) und der Heimaufsicht. Dabei geht es nicht nur um die Gesamtnote der letzten Qualitätsprüfung, sondern auch um die Durchschnittsnoten der jeweiligen

Unterkategorien, wie etwa Pflege, Hygiene und Umgang mit Demenzerkrankten. Diese vorvertraglichen Informationen sind ein Bestandteil des Heimvertrages. Kommt es zu Abweichungen von diesen
Informationen, müssen diese im späteren Vertrag deutlich hervor-
gehoben werden.

1

2. Was regelt der Heimvertrag?

Mit dem Heimvertrag verpflichtet sich der Heimträger gegenüber
dem Bewohner, Wohnraum und Pflege- und Betreuungsleistungen
anzubieten. Im Gegenzug verpflichtet sich der Bewohner, diese Leistungen zu bezahlen.

3. Wer sind die Vertragspartner?

Vertragspartner sind der Pflegebedürftige selbst und das Pflegeheim. Besteht eine gesetzliche Betreuung oder eine Vorsorgevoll-
macht, ist der Pflegebedürftige trotzdem der Vertragspartner. Der
Betreuer oder Bevollmächtigte handelt nur für ihn und in dessen
Namen. Es ist verboten, den Bevollmächtigten oder Betreuer als Vertragspartner zu benennen oder ihm eine Garantenpflicht aufzuer-
legen. Eine Garantenpflicht kann in Zusatzklauseln verborgen sein.
Diese würde bedeuten, dass das Pflegeheim den Betreuer oder
Bevollmächtigten finanziell in Anspruch nehmen könnte, wenn die
Leistungen der Pflegeversicherung und das Einkommen und Ver-
mögen des Pflegebedürftigen zur Begleichung des Heimentgelts
nicht ausreichen.

4. Was muss im Heimvertrag mindestens geregelt sein?

Im Heimvertrag sind die Leistungen, die durch den Heimträger erbracht werden, genau beschrieben. Es müssen die Art der Leistung,
ihr Inhalt und der Umfang aufgeführt sein. Zu den Leistungen im
Pflegeheim gehören neben Pflege und Betreuung, Unterkunft und
Verpflegung auch die Art und der Umfang des Freizeitangebots. Das
heißt, der Heimvertrag und die Zusatzinformationen müssen Fragen
beantworten, wie etwa:

- Verfügt das Heim über einen Heimarzt?
- Welche Mahlzeiten werden angeboten?
- Gibt es spezielle Therapieangebote?

1

- Wird ein Wäscheservice angeboten?
- Wie sieht die kostenlose Getränkeversorgung aus?
- Wie groß ist das Zimmer und welche Ausstattung hat es?
- Besteht die Möglichkeit, eigene Möbel mitzubringen?

Darüber hinaus muss der Vertrag die genauen Kosten des Heimplatzes ausweisen. Hier erfolgt eine gesonderte Aufstellung von Pflegekosten gestaffelt nach Pflegestufen, Hotelkosten (Unterkunft und Verpflegung) sowie Investitionskosten und deren Summe als Gesamtentgelt.

5. Für welchen Zeitraum wird ein Heimvertrag abgeschlossen?

In der Regel wird ein Heimvertrag unbefristet geschlossen. Wenn es sich um einen Heimvertrag zur Kurzzeitpflege handelt, wird der Vertrag ausnahmsweise in beiderseitigem Einvernehmen auf den Zeitraum der Kurzzeitpflege befristet. Eine Befristung ist auch zulässig, wenn der Bewohner den Wunsch danach außerhalb der Kurzzeitpflege hat.

6. Welche Kündigungsfristen bestehen?

Will ein Heimbewohner aus dem Heim, in dem er wohnt, ausziehen, kann er den Heimvertrag in der Regel bis zum dritten Werktag des laufenden Monats kündigen. Der Vertrag endet dann zum Monatsende. Nach Vertragsbeginn hat der Bewohner ein zweiwöchiges außerordentliches Kündigungsrecht. Wird das Heimentgelt erhöht, kann der Bewohner den Heimplatz kündigen, sobald der neue Betrag verlangt wird.

Wenn wichtige Gründe wie etwa bauliche Mängel oder schlechte Leistungserbringung vorliegen, die dem Bewohner nicht bis zum Ablauf der Kündigungsfrist zuzumuten sind, kann der Vertrag sofort beendet werden. Die Kündigung gegenüber dem Heimbetreiber sollte schriftlich erfolgen. Der Heimbetreiber kann den Vertrag dagegen nur kündigen, wenn wichtige Gründe vorliegen, etwa wenn der Träger seinen Betrieb einstellt, der Bewohner die vertraglichen Vereinbarungen schuldhaft grob verletzt oder für zwei Monate in Folge in Zahlungsverzug gerät. Sobald der Zahlungsverzug ausgeglichen ist, wird die Kündigung des Heimplatzes wegen Zahlungsverzuges ungültig.

Kann der Heimbetreiber für den Bewohner keine fachgerechte Pflege und Betreuung mehr erbringen, etwa wenn Intensivpflege erforderlich ist, hat der Träger ebenfalls das Recht, den Heimvertrag zu kündigen. Kündigt der Heimbetreiber dem Bewohner, muss er dem Bewohner die Kündigungsgründe schriftlich mitteilen.

1

7. Welche Rechte hat der Bewohner bei Nichtleistung oder Schlechtleistung?

Werden die im Heimvertrag vereinbarten Leistungen ganz oder teilweise nicht oder mit erheblichen Mängeln erbracht, kann der Bewohner das Heimentgelt bis zu sechs Monate rückwirkend angemessen kürzen. Allerdings muss der Bewohner dem Heimbetreiber zuvor die Möglichkeit zur Besserung geben. Das heißt, er muss den Betreiber unter Fristsetzung auffordern, die beanstandeten Mängel abzustellen. Zudem muss der Bewohner die ansonsten beabsichtigte Kürzung des Heimentgelts in diesem Schreiben ankündigen.

8. Kann ein bereits abgeschlossener Heimvertrag nachträglich verändert werden?

Wenn sich der gesundheitliche Zustand des Bewohners und damit der Pflegeaufwand auf Dauer verändern, wird auch die Pflegestufe angepasst. In diesem Fall werden die vertraglichen Leistungen entsprechend angepasst. Zumindest muss der Heimträger dem Bewohner die nötigen vertraglichen Änderungen anbieten. Allerdings ermöglicht das Wohn- und Betreuungsvertragsgesetz auch, eine Anpassung an den Gesundheitszustand des Bewohners vertraglich einzuschränken oder auszuschließen. Dieser Ausschluss ist aber nur wirksam, wenn der Heimträger ein berechtigtes Interesse aufgrund seines Pflege- und Betreuungskonzepts nachweist. Das ist beispielsweise der Fall, wenn das Heim nicht über die technischen oder personellen Voraussetzungen verfügt, um einen demenzerkrankten Bewohner mit Weg- oder Hinlauftendenz oder einen beatmungsbedürftigen Bewohner adäquat zu versorgen. In diesen Fällen kann eine Vertragsanpassung an solche Pflegefälle ausgeschlossen werden. Der Ausschlussgrund muss jedoch im Heimvertrag stehen und auch in den vorvertraglichen Informationen enthalten gewesen sein.

1

9. Wie erfolgt die Rechnungsstellung?

Im Pflegeheim ist es durchaus üblich, dass Vorausrechnungen vereinbart werden. Dies hat seinen Grund darin, dass keine einzelnen, sondern pauschale Leistungen vereinbart werden. Die Pflegekasse zahlt einen monatlichen Pauschalbetrag, dessen Höhe sich an der jeweiligen Pflegestufe und nicht an pflegerischen Einzelleistungen orientiert. In der Regel erhält der Bewohner, der Selbstzahler ist, eine Rechnung, bei der die Leistung der Pflegekasse bereits mit der Kasse abgerechnet und von der Gesamtrechnung abgezogen wurde.

Wesentlicher Inhalt eines Heimvertrags

- Der Heimvertrag und die ergänzenden Informationen müssen dem Interessenten vor Vertragsabschluss in leicht verständlicher Form schriftlich ausgehändigt werden.

- Der Pflegebedürftige hat eine ordentliche Kündigungsfrist von einem Monat. Dazu muss die Kündigung bis zum dritten Werktag des laufenden Monats eingehen.

- Der Pflegebedürftige hat unter bestimmten Bedingungen ein außerordentliches Kündigungsrecht.

- Die im Heimvertrag angegebenen Pflegekosten werden an die veränderte Gesundheitssituation, das heißt, an die jeweilige Pflegestufe des Bewohners angepasst.

- Die Rechnung wird in der Regel im Voraus für den laufenden Monat gestellt.

Wichtiges Urteil: Heimkosten dürfen bei Schlechtleistung gekürzt werden

Das Oberlandesgericht Düsseldorf (Urteil vom 04.04.2011, Az. I-24 U 130/10) hat entschieden, wann Kürzungen des Heimentgelts zulässig sind. Das Wohn- und Betreuungsvertragsgesetz (WBVG) gestattet einem Pflegeheimbewohner, das Heimentgelt zu kürzen, wenn die Pflegeeinrichtung die vertraglich geschuldeten Leistungen schlecht oder gar nicht erbringt (§ 10 WBVG). Um die Heimkosten kürzen zu können, muss der Bewohner die Mängel zunächst konkret benennen und der Einrichtung ermöglichen, diese zu beseitigen. Zudem muss er dem Heimleiter die beabsichtigte Kürzung des Entgeltes bei weiterem Bestehen des Mangels vorher ankündigen. Juristen sprechen hier von Fristsetzung mit Ablehnungsandrohung.

Datenschutz

2

Pflegeeinrichtungen aller Art sind betroffen

In Deutschland spielt Datenschutz eine große Rolle. Wir haben nicht nur ein Bundesdatenschutzgesetz (BDSG), sondern auch einen „Bundesbeauftragten für den Datenschutz und die Informationsfreiheit". Der Datenschutz ist eng mit unserem Recht auf Selbstbestimmung verbunden. Es soll damit sichergestellt werden, dass wir es selbst in der Hand haben, wer über uns bestimmte Informationen erhält und wer nicht.

Deshalb müssen auch in der Pflege die Grundlagen des Datenschutzgesetzes beachtet werden. Denn im Rahmen der Pflege werden nicht nur persönliche, sondern auch sehr private Daten der Patienten oder Bewohner erfasst, gespeichert und verarbeitet. Aus diesem Grund haben die Betroffenen einen besonderen Schutzbedarf.

Diesen Schutz soll das BDSG bieten, indem es unter anderem regelt, wie Sie als Pflegekraft mit persönlichen Daten und dem Persönlichkeitsrecht Ihrer Patienten oder Bewohner umzugehen haben. Es bestimmt, wie personenbezogene Daten von Ihnen erhoben, verarbeitet und genutzt werden dürfen. Diese Regelungen gelten für öffentliche und nicht öffentliche Stellen in automatisierter (Datenverarbeitungsanlagen [EDV]) und nicht automatisierter Form.

Wann die Datenerhebung zulässig ist

Sie dürfen personenbezogene Daten grundsätzlich nur erheben, wenn

- der Patient/Bewohner schriftlich und zweckgebunden eingewilligt hat, etwa im Behandlungs-, Pflege- oder Heimvertrag

- eine Rechtsvorschrift oder ein Gesetz existiert, das dies erlaubt, etwa der Versorgungsvertrag mit den Pflegekassen

- der Zweck der Datenerhebung dem Vertragsverhältnis mit dem Patient/Bewohner dient. Das ist in der Pflege regelmäßig der Fall, weil die Dienstleistung Pflege ohne die Datenerhebung nicht möglich ist

- es sich um Daten aus allgemein zugänglichen Quellen handelt, wie etwa dem Telefonverzeichnis oder Internet

Ihre Pflichten im Umgang mit den Daten

Im Sinne des BDSG ist der Träger der Pflegeeinrichtung die sogenannte „verantwortliche Stelle für den Datenschutz". Allerdings delegiert der Träger diese Verantwortung in der Regel an die Heim- und/oder Pflegedienstleitung oder Geschäftsführung der Einrichtung.

Die für die Pflege wesentlichen Daten, für die auch Sie als Pflegekraft Verantwortung tragen, sind die Informationen in den individuellen Pflegedokumentationen der Patienten/Bewohner.

Wichtig: Die Verpflichtung zum Datenschutz sollte nicht mit der Schweigepflicht verwechselt werden. Die Schweigepflicht betrifft – im Gegensatz zum Datenschutz – nur einen bestimmten, im Gesetz genannten Personenkreis.

2

Pflege und Datenschutz

- Sie dürfen keine Daten und private Informationen, die Sie über Patienten/Bewohner erhalten, offenbaren oder weitergeben.

- Sie müssen die gesetzlichen Datenschutzbestimmungen nach BDSG insbesondere gegenüber Personen außerhalb der Pflegeeinrichtung beachten und Verschwiegenheit bewahren.

- Innerhalb der Pflegeeinrichtung dürfen Sie Daten nur insoweit austauschen, wie es der Pflege und Behandlung dient.

Datenschutz heißt für Sie als Pflegekraft, dass Sie die persönlichen Daten Ihrer Patienten/Bewohner, wie etwa das Geburtsdatum oder den Familienstand, nicht weitergeben dürfen. Der Datenschutz muss von allen Personen, die beruflich mit den Daten umgehen, beispielsweise auch die Verwaltungsmitarbeiter der Pflegeeinrichtung, eingehalten werden. Mit den nachfolgenden Punkten werden die Anforderungen des Datenschutzes im Pflegebereich erfüllt.

Korrekter Umgang mit der Pflegedokumentation

- Die Pflegedokumentationen werden so aufbewahrt, dass sie für unbeteiligte Dritte nicht einsehbar sind.

- Im Pflegeheim ist die Pflegedokumentation bei Abwesenheit der Pflegekraft unter Verschluss, beispielsweise durch Abschließen des Dienstzimmers, zu halten.

- Bei einer EDV-gestützten Pflegedokumentation ist ein Zugriff auf Daten des Patienten/Bewohners für die Mitarbeiter ausschließlich über individualisierte Passwörter möglich.

- Das persönliche Passwort der jeweiligen Pflegekraft ist nur dieser bekannt und kann nicht durch Dritte genutzt werden.

---

noch: Gesetzliche Vorschriften im Umgang mit der Pflegedokumentation

- In der Pflegedokumentation werden nur Daten erhoben und verarbeitet, die für die Sicherstellung des Versorgungsauftrages (Pflege, Betreuung, Hauswirtschaft) wichtig und erforderlich sind.

- Die Pflegedokumentation ist so gestaltet, dass immer nachvollzogen werden kann, welche Pflegekraft wann welche Eintragungen vorgenommen hat.

- Der Patient/Bewohner muss über die Art der Daten, die von ihm gespeichert werden, informiert worden sein.

- Der Patient/Bewohner muss über den Zweck der Erhebung, Verarbeitung und Nutzung der Daten informiert worden sein.

- Es muss eine Einwilligung des Patienten/Bewohners zur Datenerhebung vorliegen. Diese ist zumeist schon mit Abschluss des Heimvertrags erteilt worden.

Wichtiges Urteil: Jeder hat ein Auskunftsrecht auf seine Daten

Versicherte in der gesetzlichen Krankenversicherung haben Anspruch auf eine umfassende Auskunft über ihre in Anspruch genommenen und abgerechneten medizinischen Leistungen. Das hat das Bundessozialgericht entschieden (BSG, Urteil vom 02.11.2010, Az. B 1 KR 12/10 R). Die Krankenkassen (GKV) und die Kassenärztliche Vereinigung (KV) sind somit verpflichtet, ihren Versicherten die über sie gespeicherten Daten herauszugeben. Nach Ansicht des Gerichts haben Versicherte im Rahmen des Sozialdatenschutzes ein Auskunftsrecht bezüglich der über sie gespeicherten Daten (§ 83 SGB X).

Die Privatsphäre steht im Mittelpunkt

Wer beruflich im Bereich Pflege- und Gesundheitswesen tätig ist, unterliegt der gesetzlichen Schweigepflicht. Die Schweigepflicht ist in verschiedenen Gesetzen geregelt, und zwar im Strafrecht, Arbeitsrecht und dem Datenschutzgesetz. Aber auch Treu und Glauben verlangen von den Pflegekräften eine besondere Verschwiegenheit. Schweigepflicht bedeutet, dass professionell Pflegende grundsätzlich gegenüber Dritten zur Verschwiegenheit über die ihnen in Ausübung des Berufs anvertrauten oder bekannt gewordenen Geheimnisse verpflichtet sind.

Beispiel:

Frau Michel ist traurig, weil ihr Sohn sie nicht besucht. Sie wird von der Pflegefachkraft Nicole auf ihre Stimmung angesprochen und schüttet ihr Herz aus. Sie erzählt der Pflegefachkraft Nicole, dass ihr Sohn einmal sechs Jahre im Gefängnis war, weil er wegen Betrugs verurteilt wurde. Aber obwohl ihr Sohn sie öfter enttäuscht habe, würde sie ihn natürlich lieben und im Moment sehr vermissen. Als Frau Michel klar wird, was sie Pflegefachkraft Nicole da gerade erzählt hat, bittet sie die inständig, nichts von alledem weiterzuerzählen. Die Pflegefachkraft Nicole reagiert souverän und erklärt Frau Michel, dass sie das gar nicht dürfe, weil sie der gesetzlichen Schweigepflicht unterliege. Sie würde sich sogar strafbar machen, wenn sie weitererzähle, was Frau Michel ihr anvertraut habe.

2

Leider zeigt die Erfahrung, dass Verletzungen der Schweigepflicht trotzdem keine Einzelfälle sind.

Wahrscheinlich kennen auch Sie Kollegen, die es mit der Schweigepflicht nicht ganz so genau nehmen. Dabei gilt die Schweigepflicht nicht nur für Ärzte, sondern auch für Angehörige „sonstiger Heilberufe". Denn der von der Schweigepflicht betroffene Personenkreis ist im Strafgesetzbuch (StGB) genau benannt. Das Gesetz teilt die schweigepflichtigen Personen in drei Gruppen auf:

- Ärzte, Apotheker und Angehörige sonstiger Heilberufe, die eine staatliche Ausbildung erfordern – also alle Kräfte aus der Alten- und Krankenpflege

- Gehilfen, die bei Angehörigen von Heilberufen arbeiten – das sind beispielsweise Aushilfen, Küchenhilfen oder Verwaltungsmitarbeiter

- Die in Ausbildung befindlichen Personen der beiden vorgenannten Gruppen

Folgen bei Verstößen gegen die Schweigepflicht

Als Pflegefachkraft erfahren Sie auf Grund Ihrer Tätigkeit sehr intime Angelegenheiten Ihrer Patienten oder Bewohner. Manches erfahren Sie auch, obwohl der Pflegebedürftige es Ihnen gar nicht sagt, sondern weil Sie es „mitbekommen". Sie sind also ein „Geheimnisträger".

Was ist ein Geheimnis im Sinne des Strafgesetzbuchs?

Ein Geheimnis ist eine Tatsache, die nur ein Einzelner oder ein begrenzter Personenkreis kennt und an dessen Geheimhaltung Ihr Patient bzw. der Pflegebedürftige ein schutzwürdiges Interesse hat. Die Bewahrung von Geheimnissen, die Sie in der Funktion als Geheimnisträger erlangen, hat in unserer Gesellschaft einen hohen Stellenwert. Deshalb befasst sich auch das Strafgesetzbuch in § 203 StGB mit der Schweigepflichtverletzung als eigenem Tatbestand. Erzählen Sie als Pflegefachkraft also Kenntnisse weiter, die Sie in Ausübung Ihrer Tätigkeit als Pflegefachkraft erhalten haben, verstoßen Sie gegen ein Strafgesetz und machen sich damit strafbar.

Allerdings hat auch die Schweigepflicht ihre Grenzen. Erlaubt ist die Weitergabe von Geheimnissen bei folgenden Rechtfertigungsgründen:

- Zustimmung, Einwilligung des Betroffenen

- Weitergabe im geschlossenen Kreis; wenn es der Behandlung oder Therapie dienlich ist

2

- rechtfertigender Notstand (zur Gefahrenabwehr)

Beispiel:

Der demenzerkrankte Herr Groß ist Bewohner einer Pflegeeinrichtung. Eines Tages hat er unbeobachtet die Einrichtung verlassen. Herr Groß ist Diabetiker. Nachdem er auch nach Stunden nicht wieder zurückgekehrt ist und dringend Insulin benötigt, benachrichtigt die Pflegedienstleitung der Einrichtung die Polizei. Sie teilt der Polizei auch mit, dass Herr Groß eine Demenz hat und Diabetiker ist. Im Grunde hat sie damit die Schweigepflicht verletzt. Das Verhalten der Pflegedienstleitung ist aber durch den rechtfertigenden Notstand, dass für Herrn Groß Lebensgefahr besteht, nicht strafbar.

Schweigepflicht und Arbeitsrecht

Ein Verstoß gegen die Schweigepflicht kann nicht nur strafrechtliche, sondern auch arbeitsrechtliche Konsequenzen haben. Wenn Sie als Pflegekraft gegen die Schweigepflicht verstoßen und Ihr Vorgesetzter davon erfährt, muss er handeln. Verschwiegenheit hat in einer Pflegeeinrichtung absolute Priorität.

In sehr schweren Fällen eines Schweigepflichtverstoßes, etwa wenn Sie Details aus dem Leben eines Patienten auf Facebook oder Whatsapp veröffentlichen, kann Ihnen Ihr Arbeitsverhältnis wegen des zerrütteten Vertrauensverhältnisses sofort fristlos gekündigt werden. In so einem Fall wäre der Verstoß so schwerwiegend, dass Ihrem Arbeitgeber eine Weiterbeschäftigung nicht mehr zuzumuten ist.

Wenn Ihr Verstoß weniger gravierend ist, berechtigt er Ihren Arbeitgeber aber immer noch zu einer schriftlichen Abmahnung. In dieser Abmahnung wird er Ihnen klare Vorgaben machen, welches Verhalten er künftig von Ihnen erwartet. Sollten Sie diese Verhaltensregeln trotzdem nicht einhalten, kann Ihnen nach der dritten Abmahnung wegen des gleichen bzw. ähnlichen Vergehens gekündigt werden. Die Einschätzung, wie schwer ein Schweigepflichtverstoß ist, ist dabei oft rechtlich sehr kompliziert.

Im Folgenden erfahren Sie, welche vier arbeitsrechtlichen Konsequenzen Ihr Arbeitgeber ergreifen kann, wenn Sie gegen das Gebot der Schweigepflicht verstoßen haben.

1. Ihr Vorgesetzter führt ein Personalgespräch mit Ihnen

Wenn Sie zum ersten Mal die Schweigepflicht gebrochen haben, wird Ihr Vorgesetzter Sie wahrscheinlich erst einmal zu einem Personalgespräch bitten. In diesem Gespräch möchte er mit Ihnen klären, wie und warum es zu dieser Pflichtverletzung gekommen ist. Vielleicht hatten Sie ja nachvollziehbare Gründe. Das kann Ihnen harte arbeitsrechtliche Konsequenzen ersparen. Es könnte zum Beispiel sein, dass Sie völlig unbedacht gehandelt haben oder Sie hätten von Ihrem Vorgesetzten gründlicher in Sachen Schweigepflicht unterwiesen werden müssen. Ein solcher Verstoß sollte Ihnen nur einmal – nämlich das erste Mal – passieren.

2. Sie erhalten eine Ermahnung

Als Reaktion auf den Bruch der Schweigepflicht kann Ihr Vorgesetzter Sie auch erst einmal mündlich ermahnen, bevor er zu schärferen Maßnahmen wie etwa einer Abmahnung übergeht. Der Unterschied zwischen der Ermahnung und der Abmahnung liegt darin, dass die Ermahnung eine bloße Rüge des Fehlverhaltens ist und keine Kündigungsandrohung enthält. Die Abmahnung enthält immer die Androhung der Kündigung des Arbeitsverhältnisses, wenn das Verhalten wieder auftritt.

3. Sie erhalten eine Abmahnung

Mit der Abmahnung weist Ihr Vorgesetzter Sie darauf hin, dass Sie eine gefährliche Grenze eines Fehlverhaltens erreicht haben. In der Regel wird Ihr Vorgesetzter Sie in der Abmahnung sehr deutlich darauf hinweisen, dass Ihr Arbeitsplatz im Wiederholungsfall gefährdet ist. Er droht Ihnen die Kündigung des Arbeitsverhältnisses für den Wiederholungsfall an. Verzichtet er auf die Androhung, erfüllt die Abmahnung nicht die Funktion, die ihr zukommt, die erforderliche Vorstufe einer Kündigung zu sein. Die Abmahnung muss schriftlich erfolgen und wird in der Regel in die Personalakte aufgenommen.

4. Sie erhalten die Kündigung

Wenn Sie bereits eine oder mehrere Abmahnungen wegen Verletzung der Schweigepflicht erhalten und Ihr Verhalten nicht geändert haben, kann Ihr Arbeitgeber Ihnen gegenüber eine verhaltensbedingte Kündigung aussprechen. Gerade wenn Sie nach einer oder mehreren ordnungsgemäßen Abmahnungen weiterhin Ihre vertraglichen Pflichten verletzen, muss Ihr Vorgesetzter bzw. Arbeitgeber davon ausgehen, dass Sie auch zukünftig wieder Pflichtverletzungen begehen werden.

2

Praxis-Tipp:

Die Verpflichtung zum Datenschutz und zur Schweigepflicht sollte fester Bestandteil des Arbeitsvertrages sein. Fehlt ein solcher Zusatz bislang, sind die Mitarbeiter dennoch aufgrund einer arbeitsvertraglichen Nebenpflicht zur Verschwiegenheit verpflichtet. Um das immer wieder ins Bewusstsein zu rufen, empfiehlt es sich darüber hinaus, regelmäßige Schulungen zum Thema Datenschutz und Schweigepflicht durchzuführen.

Auf Auskunftsanfragen richtig reagieren

Es kommt gar nicht so selten vor, dass Sie von fremden Personen mit amtlichen Anstrich nach persönlichen Daten Ihrer Patienten gefragt werden. Auch hier gilt es, die Grundsätze der Schweigepflicht einzuhalten.

Beispiel:

Karen war Praktikantin im Pflegeheim Sonnenblick. Sie war in Eile, als sie von einer Frau angesprochen wurde, die sagte, sie solle überprüfen, ob Herr Michel einen Betreuer brauche. Die Frau bat Karen um die Pflegedokumentation, die Karen ihr hilfsbereit aushändigte. Die unbekannte Frau konnte so nicht nur die persönlichen Daten von Herrn Michel einsehen, sie konnte auch seinen Krankheitsverlauf und die einzelnen pflegerischen Maßnahmen nachlesen.

Klar, dass Karen in diesem Fall gegen die Schweigepflicht verstoßen hatte. Sie hätte die Frau fragen müssen, wer sie ist und was sie berechtigt, die persönlichen Daten von Herrn Michel einzusehen. Folgende zwei Möglichkeiten wären infrage gekommen:

■ Die Frau wurde von Herrn Michel oder seinem Bevollmächtigten beauftragt und konnte eine Schweigepflichtentbindung vorlegen.

■ Die Frau wurde von einem Gericht, etwa dem Betreuungs- oder Sozialgericht, beauftragt und konnte dies anhand eines entsprechenden richterlichen Beschlusses nachweisen.

Als Pflegekraft sollten Sie im Zusammenhang mit der Auskunftserteilung an Dritte unbedingt die nachfolgenden sechs Grundsätze beherzigen:

2

1. **Personenbezogene Daten**
   Personenebezogene Daten der Patienten/Bewohner unterliegen immer der Verschwiegenheit. Diese Daten dürfen Sie nur für die Erfüllung Ihrer pflegerischen Aufgaben verwenden und verarbeiten. Dazu gehört die ordnungsgemäße Führung der Pflegedokumentation und/oder Patientenakte.

2. **Persönliche Informationen**
   Unterlagen oder sonstige nicht allgemein zugängliche Informationen, die Sie im Zusammenhang mit Ihrer Tätigkeit erhalten, müssen Sie immer vertraulich behandeln. Die Unterlagen und Informationen dürfen Sie ohne vorherige schriftliche Genehmigung des Patienten/Bewohners oder seines Bevollmächtigten oder gesetzlichen Betreuers nicht weitergeben.

3. **Umgang mit Unterlagen**
   Unterlagen oder sonstige nicht allgemein zugängliche Informationen, die Sie im Zusammenhang mit Ihrer Tätigkeit erhalten, müssen Sie immer vertraulich behandeln. Die Unterlagen und Informationen dürfen Sie ohne vorherige schriftliche Genehmigung des Patienten/Bewohners oder seines Bevollmächtigten oder gesetzlichen Betreuers nicht weitergeben.

4. **Verschwiegenheit nach Beendigung des Arbeitsverhältnisses**
   Sie sind verpflichtet, die Verschwiegenheit auch dann beizubehalten, wenn Ihr Arbeitsverhältnis in der Einrichtung nicht mehr besteht. Die Schweigepflicht bleibt über das Arbeitsverhältnis hinaus bestehen.

5. **Verstoß gegen die Schweigepflicht**
   Wenn Sie gegen die Schweigepflicht verstoßen, kann Ihr Arbeitgeber Ihnen gegenüber auch eine fristlose Kündigung aussprechen. Eine vorherige Abmahnung ist nicht unbedingt erforderlich.

6. Strafrechtliche Folgen

Wenn Sie gegen die gesetzliche Pflicht zur Verschwiegenheit verstoßen, können Sie mit einer Geld- und/oder Freiheitsstrafe bestraft werden (§ 203 StGB).

Wer die Pflegedokumentation wann einsehen darf

Pflegedienste und -einrichtungen sind verpflichtet, über jeden Kunden bzw. Bewohner eine Pflegedokumentation zu führen. Häufig werden Sie mit der Frage konfrontiert, wer Einsicht in die Dokumentation nehmen darf. Gründe dafür gibt es viele. So kann sich zum Beispiel bei akuten Veränderungen des Gesundheitszustandes oder schon bei der Absicht zu verreisen, die Notwendigkeit ergeben zu erfahren, wie die zu pflegende Person bislang pflegerisch betreut wurde, insbesondere welche Therapien angewandt wurden.

Einsicht durch die Pflegekasse

Die Pflegedokumentation ist eine wichtige Informationsquelle für alle an der Pflege und Betreuung Beteiligten sowie den Bewohner und seine Kranken- und Pflegekasse. Die Kranken- und die Pflegekasse haben bei vermuteten Pflegefehlern ein Überprüfungsrecht aus sogenanntem übergegangenem Recht wegen eines möglichen Schadensersatzanspruchs des Versicherten. Dieser Rechtsübergang kann zum Beispiel aufgrund einer Verletzung des Heimvertrags oder wegen eines Gesundheitsschadens beim Versicherten entstehen.

> **Beispiel:**
>
> Herr Michel ist seit fünf Monaten im Pflegeheim Sorgenruh. Seit drei Monaten hat er einen Dekubitus Grad II an der linken Ferse. Der Hausarzt lässt sich bei der Behandlung nicht lumpen und verschreibt nur die besten Behandlungs- und Verbandsmittel. Die Krankenversicherung von Herrn Michel bittet nun um eine Kopie der Pflegedokumentation, um zu prüfen, ob der Dekubitus aufgrund falscher oder ungenügender Pflege entstanden ist.

Wichtiges Urteil: Wenn der Patient verstorben ist

Im Fall einer Gesundheitsschädigung eines Versicherten kann die Pflegekasse die Herausgabe der Pflegedokumentation verlangen, um etwaige Regressansprüche zu klären. Dies gilt in der Regel auch, wenn der Versicherte vor seinem Tod keine ausdrückliche Entbindung von der Schweigepflicht erteilt hat. Hier ist von einer mutmaßlichen Einwilligung des Versicherten zur Einsichtnahme in die Pflegedokumentation auszugehen (BGH, Urteil vom 26.02.2013, Az. VI ZR 359/11).

Ansonsten gilt, dass die Kranken- und Pflegeversicherungen keinen eigenen Anspruch auf die Übermittlung bzw. Herausgabe der Unterlagen haben. Gesetzlich ist zwar in § 294a SGB V vorgesehen, dass Ärzte und andere Leistungserbringer personenbezogene Daten ohne Zustimmung des Patienten an die Kasse übermitteln müssen. Dieses Gesetz erfasst aber nicht die Pflegeeinrichtungen. Diese sind deshalb von der Herausgabepflicht ausgenommen.

Deshalb gilt für Sie als Pflegekraft, dass Sie, wenn Sie medizinisch-pflegerische Unterlagen ohne vorheriges Einverständnis des Patienten/Bewohners an die Kranken- oder Pflegekasse aushändigen, gegen die Datenschutzbestimmungen des BDSG verstoßen. Es ist ein Irrtum, wenn Sie glauben, dass die Kranken- und Pflegekasse „sowieso" über die Lebenssituation und Gesundheit des Versicherten Bescheid wissen.

Darüber hinaus missachten Sie Ihre Schweigepflicht, wenn Ihnen keine entsprechende Einwilligung des Betroffenen vorliegt. Die Einwilligung Ihres Patienten/Bewohners oder seines Vertreters ist nur dann wirksam, wenn er zuvor von Ihnen oder der Versicherung ausreichend über die sachlichen und rechtlichen Hintergründe aufgeklärt worden ist.

So darf zum Beispiel die Pflegekasse bei der Pflegeeinstufung nur die Herausgabe der Unterlagen an den zuständigen MDK fordern.

Einsicht durch den Patienten, Angehörige oder Betreuer

Jeder Patient hat das Recht, Einsicht in seine Pflegedokumentation zu nehmen; ebenso hat er das Recht, die eigenen Krankenunterlagen einzusehen. Dieses Recht kann mit Einverständnis des Versicherten auch von der Kasse wahrgenommen werden.

Oft sind die zu pflegenden Patienten aber gar nicht mehr selbst in der Lage, die Pflegedokumentation einzusehen. In diesem Fall wollen Angehörige, Freunde oder Betreuer Einsicht nehmen. Das geht allerdings nur mit einer entsprechenden Vollmacht, die gegebenenfalls auch mündlich erteilt werden kann. Besser ist hier immer eine schriftliche Vollmacht (vgl. Kapitel 4 zur Vorsorgevollmacht).

Selbst ein vom Betreuungsgericht eingesetzter Betreuer darf nur dann Einsicht in die Pflegedokumentation nehmen, wenn sein Aufgabengebiet die Gesundheitsfürsorge umfasst. Ist dies nicht der

Fall, muss er sich erst eine Genehmigung durch das Betreuungsgericht besorgen.

2

> **Praxis-Tipp:**
>
> Sie sollten bei jeder Anfrage auf Einsicht in die Pflegedokumentation eines Patienten/Bewohners immer zuerst prüfen, ob die Voraussetzungen zur Einsichtnahme erfüllt sind. Zumeist besteht kein Anspruch auf Einsicht in die Pflegedokumentation. Wenn die Pflegekasse allerdings die Überprüfung der Pflegestufe durch den MDK veranlasst, sind Sie gemäß § 276 SGB V verpflichtet, dem MDK Sozialdaten, das sind personenbezogene Daten, Befundunterlagen und gegebenenfalls auch Informationen von anderen Leistungserbringern, zu übermitteln, wenn dies für die Pflegeeinstufung erforderlich ist.
>
> Die Pflegekasse hat aber keinen Anspruch darauf, diese Unterlagen Ihres Patienten/Bewohners durch eigene Mitarbeiter einzusehen und auszuwerten. Hier ist das Tätigwerden des MDKs unabdinglich, denn nur dieser ist ausdrücklich berechtigt, die erforderlichen Sozialdaten anzufordern.

Verstoß gegen das Briefgeheimnis

Pflegekräfte werden in ihrem Alltag oft mit persönlichen Schriftstücken und Daten des Patienten konfrontiert. Hier besteht leicht die Gefahr, dass sie sich wegen Verletzung des Briefgeheimnisses gemäß § 202 StGB strafbar machen, weil sie sich nicht darüber im Klaren sind, dass die Einsichtnahme in fremde Dokumente und Unterlagen unter die „Verletzung des Briefgeheimnisses" fällt.

> **Beispiel:**
>
> Vom Tatbestand des § 202 StGB erfasst werden: Briefe, Tagebücher, Notizen, Datenträger wie Audiokassetten, CDs, Mobiltelefone, Computer jeder Art und Schriftstücke in geschlossenen Behältnissen. Postkarten und offene Drucksachen unterliegen dagegen nicht dem Briefgeheimnis.

Haftung in der Pflege

3

Absicherung durch Versicherungen

Da die Möglichkeiten, am Arbeitsplatz einen Personen- oder Sachschaden für Pflegekräfte erheblich sind, ist es naheliegend, sich gegen die verschiedenen Haftungsrisiken zu versichern.

Privathaftpflicht nur bei privat verursachten Schäden

Wenn Sie aus Unachtsamkeit oder Fahrlässigkeit in Ihrem privaten Umfeld einen Schaden verursachen, ist eine Privathaftpflichtversicherung hilfreich. Die Versicherung übernimmt in diesem Fall die Kosten, die entstehen, um dem Geschädigten seinen Schaden zu erstatten.

Allerdings übernimmt eine private Haftpflichtversicherung nur die Kosten, wenn der Versicherungsnehmer sich fahrlässig, auch grob fahrlässig(!), verhalten und dadurch einen Schaden verursacht hat, weil er beispielsweise unachtsam war.

Beispiel:

Frau Kaul ist im Haus Sonnenruh Pflegekraft. Sie fühlt sich auf ihrer Arbeitsstelle sehr wohl und hat ein gutes Verhältnis zu den Kollegen und Bewohnern. Deshalb kommt sie, wenn sie gerade in der Nähe ist, auch in ihrer Freizeit schon einmal kurz in die Einrichtung. Ein paar Minuten für einen kurzen Plausch mit einem Bewohner oder einem Kollegen finden sich immer. In der letzten Woche ist Frau Kaul jedoch ein Missgeschick passiert. Sie stieß die schicke Designer-Brille einer Kollegin herunter und als sie sie schnell aufheben wollte, trat sie auch noch drauf. Die Brillengläser sowie das Brillengestell wurden durch diesen versehentlichen Tritt zerstört.

In diesem Moment war Frau Kaul froh, dass sie ihrer Kollegin zusichern konnte, dass sie ihr den Schaden ersetzen würde. Sie meinte: „Keine Sorge, das übernimmt meine private Haftpflichtversicherung."

Allerdings kommt die Versicherung immer nur bis zur Höhe der vereinbarten Schadenssumme für den entstandenen Schaden auf. Die Versicherung kann bei der Begleichung des Schadens auch einen Abzug „Neu für Alt" machen, damit der Geschädigte am Ende wirtschaftlich nicht besser dasteht als vorher.

Sie sollten Ihr Schadensverursachungsrisiko realistisch einschätzen. Insbesondere wenn Menschen zu Schaden kommen, können die dadurch entstehenden Kosten sehr hoch werden. Es kann bei einem Gesundheitsschaden sogar passieren, dass Sie dem Geschädigten bis zu seinem Tode eine Rente zahlen müssen. Dies übernimmt die Haftpflichtversicherung ebenfalls, wenn die entsprechenden Voraussetzungen erfüllt sind. Es ist also sinnvoll, eine Haftpflichtversicherung abzuschließen, die Sie im Schadensfall vor unkalkulierbaren Schadensersatzansprüchen schützt.

Die Haftpflichtversicherung kümmert sich darüber hinaus um die Abwicklung der Auseinandersetzung, ob ein Verschulden des Versicherten vorliegt und wie groß der Schaden ist, der ersetzt werden muss. Haftpflichtversicherungen treten dagegen allerdings nicht für Schäden ein, die vorsätzlich herbeigeführt wurden.

3

Beispiel:

Sie haben schon Dienstschluss, als Ihnen einfällt, dass Sie den Schlüssel in der Wohnung eines Patienten vergessen haben. Nachdem Sie vergeblich geklingelt haben, werfen Sie einen Stein so fest gegen das Fenster, dass die Scheibe zerbricht. In diesem Fall zahlt die Versicherung nicht.

Betriebshaftpflichtversicherung

Der Inhaber oder Träger einer Pflegeeinrichtung muss sich vor den Folgen von Schadensersatzansprüchen seiner Kunden schützen. Er kann aufgrund des Behandlungs- oder Pflege- bzw. Heimvertrages für eigenes und für das Fehlverhalten seiner Mitarbeiter haftbar gemacht werden. Das betrifft zum einen Sachschäden, etwa wenn eine Pflegekraft die Brille eines Patienten oder eines Bewohners reinigen will und sie dabei zerbricht. Zum anderen aber auch Schäden, die durch unbeabsichtigte Nachlässigkeit entstehen können, wenn beispielsweise ein Patient, Bewohner oder Besucher durch eine offenstehende Schublade stürzt.

Um solche Schäden finanziell abzudecken, schließen Unternehmen die sogenannte Betriebshaftpflichtversicherung ab. Diese kommt im Schadensfall für berechtigte Ansprüche Dritter auf, die durch den Betriebsablauf entstanden sind.

Versicherer bezeichnen die möglichen Schäden als „Risiken". Welche Risiken durch die jeweilige Betriebshaftpflichtversicherung genau abgedeckt werden, ist vom jeweiligen Versicherungsvertrag abhängig, den der Inhaber oder Träger der Einrichtung abgeschlossen hat.

Weil Versicherungen gerne Risiken ausschließen, sollte beim Abschluss darauf geachtet werden, dass nicht nur Schäden, die durch Fahrlässigkeit verursacht wurden, abgedeckt sind, sondern auch Schäden, die durch grobe Fahrlässigkeit der Mitarbeiter entstehen können.

Träger und Inhaber von Pflegeeinrichtungen sind gesetzlich nicht verpflichtet, eine Betriebshaftpflichtversicherung abzuschließen. Aufgrund des hohen Haftungsrisikos, dem sie ausgesetzt sind, kann man aber davon ausgehen, dass jede Pflegeeinrichtung über eine angemessene Betriebshaftpflichtversicherung verfügt.

Bei der Betriebshaftpflichtversicherung gilt – wie bei fast allen Versicherungen –, dass besondere Risiken auch besonders versichert werden müssen, beispielsweise der Schlüsselverlust bei Überlassung durch den Patienten oder von Schließanlagen.

Berufshaftpflicht

Wenn Ihr Arbeitgeber über keine Betriebshaftpflichtversicherung verfügt, haben Sie die Möglichkeit, sich privat bei einer Berufshaftpflichtversicherung zu versichern. Damit sind Sie auch gegen Schadensersatzansprüche aufgrund von fahrlässig verursachten Schäden während ihrer Berufsausübung abgesichert.

Schadensersatzansprüche fallen vor allem dann hoch aus, wenn Sie als Pflegekraft etwa wegen fahrlässigen Verhaltens für Krankenhauskosten, Schmerzensgeld oder sogar Rentenzahlungen des Geschädigten aufkommen müssen. Zudem können auch noch die Kosten der rechtlichen Auseinandersetzung hinzukommen.

All diese Kosten, die mit dem Schaden in Zusammenhang stehen, trägt die Haftpflichtversicherung. Die private Haftpflichtversicherung tritt in keinem Fall für Schäden ein, die während der Berufsausübung verursacht wurden. Und umgekehrt. Weil Frau Kaul im vorherigen Beispiel den Schaden während ihrer Freizeit verursacht hat, tritt die Berufshaftpflicht in diesem Fall nicht ein.

Praxis-Tipp:

Hat Ihr Arbeitgeber eine Betriebshaftpflichtversicherung, brauchen Sie sich nicht unbedingt nochmals mit einer Berufshaftpflicht abzusichern. In diesem Fall tritt die Haftpflichtversicherung des

Arbeitgebers bei Schadensfällen ein. Wenn Sie als Pflegefachkraft allerdings neben Ihrer versicherungspflichtigen Beschäftigung beispielsweise auch freiberuflich tätig sind, sollten Sie für diesen Bereich unbedingt eine private Berufshaftpflichtversicherung abschließen.

Achten Sie beim Abschluss einer solchen Versicherung darauf, dass konkret die Risiken, die tatsächlich durch Ihre Berufsausübung bestehen, abgesichert sind. Ein besonderes Augenmerk sollten Sie deshalb auf die sogenannten „Ausschlüsse" legen. Eine Versicherung, die die wesentlichen Schäden, die Pflegefachkräfte verursachen können, ausschließt, ist für Sie nutzlos.

3

Wichtig: Weder die Betriebshaftpflichtversicherung des Arbeitgebers noch eine private Berufshaftpflichtversicherung schützt Sie vor einem Strafverfahren! Auch nicht bei einer nur fahrlässigen Begehung der Straftat.

Wann Pflegefehler zur Haftung führen

Als Pflegefachkraft handeln Sie eigenständig. Sie sind für das, was Sie tun, verantwortlich und können für Fehler, die Ihnen unterlaufen, haftbar gemacht werden. Kommt der Patient im Zusammenhang mit Ihrer pflegerischen Tätigkeit durch einen vorsätzlichen oder fahrlässig begangenen Pflegefehler zu Schaden, haften Sie. Der Pflegefehler kann auf einer fehlerhaften Handlung oder auf dem Unterlassen einer notwendigen Maßnahme beruhen. Fehlerhaft bedeutet dabei, dass Ihr Tun oder Unterlassen nicht dem aktuellen Stand medizinischer und pflegerischer Erkenntnisse entsprochen hat oder mangelhaft war in Bezug auf Sorgfalt, Fachkenntnis und Geschicklichkeit. In der Regel wird es schwerer bewertet, wenn ein Schaden durch aktives Tun entstanden ist.

Beispiel:

Sie verbinden einem Patienten eine Wunde, beachten aber die hygienischen Vorgaben nicht. Die Wunde infiziert sich und heilt schlechter als erwartet. Zudem hat Ihr Patient aufgrund der Infektion Schmerzen. Der unsaubere Verband stellt rechtlich eine Körperverletzung dar; das heißt, Sie können als Pflegefachkraft für die nicht fachgerechte Behandlungspflege zur Verantwortung gezogen werden.

Wenn ein Mensch zu Schaden kommt, gibt es zwei rechtliche Folgen, die auf die Pflegekraft als den Schädiger zukommen können:

■ **Strafverfahren**
Ein Strafverfahren wird von der Staatsanwaltschaft eingeleitet, wenn ein Verstoß gegen das StGB vorliegt, etwa bei einer vorsätzlichen Körperverletzung, wenn eine Pflegekraft einen Patienten oder Bewohner misshandelt. Eine Pflegekraft, gegen die ein Strafverfahren geführt wird, kann je nach Art der Straftat mit einer Geld- oder Freiheitsstrafe bestraft werden. Im Strafrecht sind die Rechtsbeziehungen zwischen Staat und Bürger geregelt. Deshalb gehört es zum „öffentlichen Recht" und nur der Staatsanwalt kann aufgrund eines Verdachts ein Verfahren einleiten. Der Verdacht kann sich durch polizeiliche Ermittlungen oder aufgrund einer Strafanzeige einer Privatperson ergeben. Das Strafverfahren ist ein staatliches Instrument, mit dem die gesellschaftliche Ordnung aufrechterhalten werden soll.

■ **Zivilverfahren**
Ein Zivilverfahren wird vom Geschädigten selbst eingeleitet. Dazu reicht er gegen die Pflegefachkraft oder die Pflegeeinrichtung (in der Regel durch einen Rechtsanwalt vertreten) Klage ein, um Schadensersatz oder Schmerzensgeld zu erhalten. Wenn keine grobe Fahrlässigkeit oder Vorsatz vorliegen, tritt in vielen Fällen die Betriebs- oder Berufshaftpflichtversicherung für den Schaden ein. Im Zivilverfahren streiten im Grunde zwei „gleichwertige" Gegner um eine gerichtliche oder außergerichtliche Entscheidung.

Vorsatz oder Fahrlässigkeit

Wenn es darum geht, die Haftung wegen eines Fehlers bzw. Schadens zu beurteilen, wird geprüft, ob der Schädiger fahrlässig oder vorsätzlich gehandelt hat:

■ **Wann liegt Vorsatz vor?**
Vorsätzlich handelt, wer den Tatbestand eines Gesetzes, etwa Diebstahl, mit Wissen und Wollen erfüllt. Sie handeln vorsätzlich, wenn Sie beispielsweise auf dem Weg von der Arbeit nach Hause ein nicht abgeschlossenes Fahrrad sehen und mitnehmen. Sie wissen, dass das Diebstahl ist, und handeln trotzdem. Aber selbst wenn Sie es nicht genau wissen und nur für möglich halten, dass Sie mit Ihrem Handeln einen Diebstahl und damit eine Straftat begehen oder sich mit der Möglichkeit zumindest abfinden, sieht der Jurist

Ihr Handeln als vorsätzlich an. Es wird unterstellt, dass Sie es billigend in Kauf genommen haben, eine Straftat zu begehen. Vorsatz wird allerdings ausgeschlossen, wenn Sie nicht alle objektiven Tatbestandsmerkmale kennen oder diese nicht erfüllen wollen.

Fällt Ihnen zum Beispiel beim Stellen der Medikamente auf, dass der Arzt einem Patienten ein Medikament verordnet hat, auf das der Patient allergisch reagiert, müssen Sie sicherstellen, dass der Patient dieses Medikament nicht erhält. Wenn Sie dem Patienten das Medikament trotz Ihres besseren Wissens geben, begehen Sie eine vorsätzliche Körperverletzung. Sie wussten, dass der Patient allergisch ist. Etwas anderes gilt, wenn Ihnen die Allergie nicht bekannt war. Dann bleibt zu prüfen, ob Sie fahrlässig gehandelt haben, weil Sie die Allergie womöglich hätten kennen müssen.

3

■ **Wann liegt Fahrlässigkeit vor?**
Fahrlässigkeit liegt vor, wenn der Handelnde hätte wissen müssen, dass sein Handeln zu einem Schaden führen wird. Es spielt dabei keine Rolle, ob man auch tatsächlich wusste, dass das eigene Handeln zu einem Schaden führen könnte. Unwissenheit schützt vor Strafe nicht.

Wenn Sie als Pflegekraft einfache und naheliegende Überlegungen außer Acht lassen und dadurch einen Schaden verursachen, kann Ihnen sogar grobe Fahrlässigkeit vorgeworfen werden. Das hat in der Regel eine strengere Bestrafung zur Folge, als wenn Sie nur fahrlässig handeln.

Beispiel:

Sie verteilen in einem Demenzbereich Medikamente, indem Sie diese einfach den Patienten hinstellen. Nimmt hier ein Patient ein falsches Medikament oder zu viel davon ein, kann man Ihnen grobe Fhrlässigkeit vorwerfen. Sie hätten die Gefahr erkennen müssen.

Keine Pflegehandlung ohne Einwilligung des Patienten

Im Gesundheitswesen ist die bekannteste Haftungsfalle der Heileingriff. Hier besteht eine Haftungsgefahr schon bei der fehlerhaften Aufklärung eines Patienten. Aber auch wenn der Heileingriff ohne die Einwilligung des Betroffenen erfolgt, liegt darin ein Haftungsgrund.

Beispiel: ────────────────────────────

Frau Goll ist Pflegefachkraft beim ambulanten Pflegedienst Gerngesehen. Sie betreut eine Patientin mit einer Wahnerkrankung. Die Hauptaufgabe von Frau Goll ist, der Patientin ein Psychopharmakum – nach ärztlicher Anordnung – zu verabreichen. Immer wieder kommt es jedoch zu der Situation, dass die Patientin fragt, was das für eine Tablette ist. Frau Goll erklärt dann, welches Medikament sie verabreichen möchte, weshalb die Patientin es nehmen soll, wie es wahrscheinlich wirken wird und welche Nebenwirkungen möglich sind. Daraufhin verweigert die Patientin die Einnahme der Tablette. Nun befindet Frau Goll sich in einem Dilemma:

- Einerseits ist das Medikament ärztlich angeordnet,

- andererseits will die Patientin das Medikament auf keinen Fall einnehmen.

Frau Goll hat keine Zeit, um ihre Patientin von der Notwendigkeit des Medikamentes zu überzeugen. Sie hat deshalb den Einfall, die Tablette zu zerkleinern und der Patientin, ohne ihr Wissen, im Kaffee zu verabreichen. Mit diesem Handeln will sie ihrer Patientin natürlich nicht schaden. Vielmehr meint sie es gut. Sie begründet Ihr Handeln damit, dass die Patientin ihr Medikament braucht, denn sonst hätte der Arzt es nicht verordnet. Aber Frau Goll befürchtet auch, dass sie Ärger bekommt, wenn sie der Patientin das Medikament nicht verabreicht. Und aus Erfahrung weiß sie ja, dass es der Patientin nach der Einnahme des Medikamentes wesentlich besser gehen wird.

Das Verhalten von Frau Goll ist nicht korrekt. Die Patientin hat ausdrücklich gesagt, dass sie das Medikament nicht einnehmen möchte. Mit der Medikamentengabe werden körperliche Funktionen bzw. Prozesse beeinflusst. Diese Beeinflussung hat die Patientin abgelehnt. Bei der Bewertung des Verhaltens von Frau Goll spielt es eine nachgeordnete Rolle, dass sie ihrer Patientin nur etwas „Gutes" tun wollte. Frau Goll hat die körperliche Unversehrtheit der Patientin verletzt und sich somit wegen Körperverletzung strafbar gemacht. Sie handelt sogar vorsätzlich, weil sie genau wusste, dass die Patientin das Medikament nicht nehmen wollte, und mit ihrer Tat genau das erreichen wollte, was die Patientin nicht wollte.

Bei allen Pflegehandlungen ist zu beachten, dass weder Arzt noch Pflegekraft sich mit ihrer (Be-)Handlung über den Willen eines Patienten hinwegsetzen dürfen. Der Patient hat ein Selbstbestimmungsrecht und kann deshalb selbst entscheiden, ob er sich behandeln lassen möchte oder nicht. Nur in Ausnahmefällen sind Zwangsmaßnahmen zulässig.

Zwangsmaßnahmen

Die rechtlichen Voraussetzungen für medizinische Zwangsmaßnahmen sind seit 26.02.2013 in § 1906 Abs. 3 BGB geregelt.

- Voraussetzung für die Durchführung einer Zwangsmaßnahme ist, dass der Patient „die Notwendigkeit der jeweiligen ärztlichen Maßnahme nicht erkennen oder nicht nach dieser Einsicht handeln" kann, mithin einwilligungsunfähig ist.

- Die bloße Ablehnung einer vom behandelnden Arzt für sinnvoll erachteten Behandlung durch einen (vielleicht unvernünftig, aber frei handelnden) einwilligungsfähigen Patienten rechtfertigt keine Zwangsbehandlung.

- Neben der Einwilligungsunfähigkeit muss die ärztliche Zwangsmaßnahme zum Wohl des Patienten erforderlich sein, um „einen drohenden erheblichen gesundheitlichen Schaden abzuwenden".

- Weitere Voraussetzung ist, dass dieser Schaden nicht durch eine „andere, dem Patienten zumutbare Maßnahme abgewendet werden" kann.

- Schließlich muss „der zu erwartende Nutzen die zu erwartenden Beeinträchtigungen deutlich" überwiegen.

- Vor der Einleitung der Zwangsmaßnahme muss versucht worden sein, „den Patienten von der Notwendigkeit der ärztlichen Maßnahme zu überzeugen".

- Die Einwilligung eines gesetzlichen Betreuers reicht nicht aus. Für die Einleitung einer Zwangsmaßnahme bedarf es nach dem Gesetz immer der richterlichen Genehmigung. Eine gegebenenfalls vorliegende Einwilligung des Betreuers allein ist auch in dringenden Fällen nicht ausreichend. Selbst bei Gefahr im Verzug darf die Zwangsbehandlung nur mit gerichtlicher Entscheidung begonnen werden.

Einwilligungsfähigkeit darf nicht mit Geschäftsfähigkeit verwechselt werden! Ein Patient kann auch dann noch einwilligungsfähig sein, wenn er nicht mehr geschäftsfähig ist.

In der Praxis müssten daher der hocherregte, aggressive oder massiv selbstgefährdete Patienten bis zur wirksamen richterlichen Entscheidung fixiert werden. Dies ist ohne begleitende Medikation schwierig und in vielen Fällen unvertretbar, da die Fixierung ohne Medikation zum Teil eine erhebliche Gefahr für den Patienten und die Umwelt darstellt. In diesem Fall kann also entgegen der Gesetzeskonzeption eine sofortige medikamentöse Behandlung zum Wohle des Patienten unumgänglich sein.

Die rechtliche Grundlage dafür kann in einigen Bundesländern das Psychisch-Kranken-Gesetz sein (PsychKG). So erlaubt beispielsweise das PsychKG Schleswig-Holstein Fixierungen und Ruhigstellung durch Medikamente, wenn die Gefahr besteht, dass der Patient gegen Personen gewalttätig wird, sich selbst tötet oder erheblich verletzt (§ 16 PsychKG SH). Hingegen ist im Berliner PsychKG für diese Fälle zwar eine Fixierung, jedoch keine Zwangsmedikation vorgesehen (§ 29a PsychKG Berlin). Es obliegt in diesen Fällen der Verantwortung der behandelnden Ärzte, gegebenenfalls ein Schnellverfahren nach PsychKG beim zuständigen (Gesundheits-)Amt anzuregen bzw. Betreuungsgericht.

Ist auch diese Möglichkeit versperrt oder nicht hinreichend schnell verfügbar, bleibt im Ausnahmefall nur die sofortige Einleitung einer Medikation unter Notstandsgesichtspunkten. Dabei handelt es sich um einen rechtfertigenden Notstand. Das bedeutet, dass nicht rechtswidrig handelt, wer eine Tat begeht, um Gefahr von sich oder anderen abzuwenden, „wenn bei Abwägung der widerstreitenden Interessen, namentlich der betroffenen Rechtsgüter und des Grades der ihnen drohenden Gefahren, das geschützte Interesse das beeinträchtigte wesentlich überwiegt" (§ 34 StGB).

Der zuständige Arzt muss sich dabei allerdings bewusst sein, dass er in der folgenden richterlichen Anhörung einen hohen Rechtfertigungsdruck sehen wird, wenn der Betroffene entgegen der Gesetzeskonzeption in bereits behandeltem und dann oft sediertem Zustand vorgeführt wird.

Wann Pflege zur Pflegemaßnahme wird

Es gibt in der Pflege verschiedene Maßnahmen, die rechtlich gesehen den Straftatbestand der Körperverletzung erfüllen, weil sie in die körperliche Unversehrtheit des Patienten eingreifen. Der

Straftatbestand der Körperverletzung ist in den §§ 223 ff. StGB geregelt. Dabei ist es erst einmal unerheblich, ob solche Eingriffe Heilzwecken dienen, etwa der Einstich, um eine Injektion zu verabreichen und diese Handlung fachgemäß durchgeführt wird. Eine Körperverletzung ist aber am Ende erst strafbar, wenn sie auch rechtswidrig ist. In der Regel ist der Heileingriff jedoch nicht rechtswidrig, weil er mit Einwilligung des Patienten erfolgt. Die Einwilligung ist dann der sogenannte Rechtfertigungsgrund. Der Rechtfertigungsgrund sorgt dafür, dass die handelnde Person sich nicht strafbar macht.

Das heißt, eine Behandlung oder Pflegemaßnahme ist nur dann keine Körperverletzung, wenn sie mit der Einwilligung des Betroffenen oder einem Rechtfertigungsgrund erfolgt. Die nachfolgenden Punkte sind Rechtfertigungsgründe für Eingriffe in den Körper eines anderen:

- Bewusste und freiwillige Einwilligung des Patienten nach Aufklärung

- Einwilligung durch einen Bevollmächtigten oder gesetzlichen Vertreter, wenn die Person nicht selbst einwilligen kann

- Erkennbarkeit der Einwilligung (z. B. wenn ein Patient beim Anblick der Spritze die Injektionsstelle frei macht)

- Unmittelbarer, gegenwärtiger, persönlicher, rechtswidriger Angriff (§ 32 StGB)

- Bedrohung eines Rechtsguts wie Freiheit, Ehre, Leben (§ 34 StGB)

Selbst wenn Sie nichts tun, machen Sie sich unter bestimmten Umständen strafbar. In § 13 Abs. 1 StGB heißt es: „Wer es unterlässt, einen Erfolg abzuwenden, der zum Tatbestand eines Strafgesetzes gehört, ist nach diesem Gesetz nur dann strafbar, wenn er rechtlich dafür einzustehen hat, dass der Erfolg nicht eintritt, und wenn das Unterlassen der Verwirklichung des gesetzlichen Tatbestandes durch ein Tun entspricht."

Das heißt nichts anderes als Folgendes: Wenn Sie erkennen, dass eine Gefahr besteht und Sie nicht im Rahmen Ihrer Möglichkeiten versuchen, diese Gefahr abzuwenden, können Sie genauso bestraft werden, als wären Sie der Verursacher dieser Gefahr. Das gängigste Beispiel für das „Begehen durch Unterlassen" ist die unterlassene Hilfeleistung.

Wir alle sind verpflichtet, Hilfe zu leisten, wenn ein Mensch in Not ist. Wenn Sie zum Beispiel an einer offensichtlich verletzten Person einfach vorbeigehen, ohne zu prüfen, ob diese Person Ihre Hilfe benötigt bzw. schon von jemand anderem Hilfe erhält, machen Sie sich wegen unterlassener Hilfeleistung nach § 323c StGB strafbar.

Typische Haftungs- und Strafbarkeitsfallen in der Pflege

In der Pflege geht es bei Haftungsansprüchen zumeist um Pflegefehler. Ein Pflegefehler führt dazu, dass ein Patient oder Bewohner in seinem Recht auf körperliche Unversehrtheit verletzt wird. Im Wesentlichen kann dies bei den folgenden Pflegehandlungen passieren:

- Bewegungs- und Transportmaßnahmen, wenn der Patient stürzt

- Eigenmächtige Behandlungsmaßnahmen, die nicht mit dem Arzt abgesprochen wurden, etwa wenn ein nicht verordnetes Medikament verabreicht wird

- Dekubitusprophylaxe und -behandlung (z. B. wenn Hilfsmittel nicht oder nicht richtig eingesetzt werden oder Lagerungsintervalle nicht ausgeführt werden)

- Injektionen, wenn es beispielsweise zum Spritzenabszess kommt

- Krankenbeobachtung, etwa wenn dem behandelnden Arzt wichtige Beobachtungen vorenthalten wurden, sie nicht angemessen weitergegeben oder dokumentiert wurden

- bei der Medikamentenvorbereitung und der Medikamentenvergabe (z. B. wenn Medikamente falsch oder gar nicht gegeben werden)

- Wundbehandlung, wenn der Verbandwechsel nicht erfolgt oder wenn beim Verbandwechsel trotz Notwendigkeit nicht steril gearbeitet wird

- Desinfektionsmaßnahmen und Sterilisation von Hilfs- und Arbeitsmitteln, die für mehrere Patienten oder Bewohner genutzt werden (z. B. Inhalationsgeräte, Toilettenstühle oder Lifter)

In der Pflege gibt es neben den typischen Behandlungsfehlern einige weitere Möglichkeiten sich strafbar zu machen, die Sie unbedingt ernst nehmen sollten. Welche das sind und welche Folgen diese haben können, ist in den nachfolgenden Punkten aufgeführt:

- **Fehlerhafte Aufklärung vor einer Behandlung oder Behandlungsfehler**
  erfüllt den Straftatbestand der Körperverletzung nach §§ 223, 229 StGB Fahrlässigkeit, Vorsatz und kann mit einer Geldstrafe oder Freiheitsstrafe bis zu drei Jahren bestraft werden.

- **Vorenthalten einer Behandlung oder notwendigen Hilfe**
  entspricht der vorsätzlichen oder fahrlässigen Körperverletzung durch Unterlassen bzw. der unterlassenen Hilfeleistung und kann nach § 222 StGB fahrlässige Tötung, § 227 StGB vorsätzliche Körperverletzung mit Todesfolge geahndet werden. Der Strafrahmen wird je nach Schwere der Schuld bestimmt und kann von der Geldstrafe bis zur Freiheitsstrafe gehen.

- **Abrechnung nicht erbrachter Leistungen**
  entspricht dem vorsätzlichen Betrug nach § 263 StGB in besonders schwerem Fall und wird mit Geldstrafe oder Freiheitsstrafe bestraft.

- **Unbefugte Weitergabe von persönlichen Daten**
  die Verletzung von Privatgeheimnissen kann eine Geldstrafe oder Freiheitsstrafe bis zu einem Jahr zur Folge haben.

- **Unzulässige Abgabe von Arzneimitteln**
  ist ein Verstoß gegen § 95 Abs. 1 Nr. 8 des Arzneimittelgesetz (AMG) und wird mit Geldstrafe oder Freiheitsstrafe bis zu drei Jahren bestraft.

- **Verbotene Abgabe oder Verabreichung von Betäubungsmitteln**
  ist ein Verstoß gegen § 29 Abs. 1 Nr. 6 BtMG und wird mit einer Geldstrafe oder Freiheitsstrafe bis zu fünf Jahren geahndet.

3

Welche pflegerischen Maßnahmen besonders haftungsträchtig sind

In der Pflege gibt es Tätigkeiten, die besonders „gefahrengeneigt" sind und deshalb besonders schnell eine Haftung auslösen können. Dazu zählen insbesondere die nachfolgenden Punkte:

Mangelhafte oder fehlende Prophylaxen

Durch eine mangelhafte pflegerische Versorgung kann es zu Folgeerkrankungen kommen, wie etwa

- Versteifungen der Gelenke (Kontrakturen)

- Wundliegen (Dekubitus)

- Lungenentzündung (Pneumonie)

- Pilzbelag auf der Zunge und Mundschleimhaut (Soor)

- Entzündung der Mundspeicheldrüse (Parotitis)

Werden diese Krankheitsbilder durch Pflegefehler verursacht, verletzt das Verhalten (hier das Unterlassen) der Pflegefachkraft die körperliche Unversehrtheit des Patienten bzw. Pflegebedürftigen.

Deshalb erfüllt dieses Fehlverhalten den Tatbestand der Körperverletzung. Das hat zur Folge, dass

- die Staatsanwaltschaft in schwerwiegenden Fällen, etwa wenn der gleiche Fehler gehäuft auftritt oder den Tod zur Folge hat, ein Strafverfahren wegen Körperverletzung eröffnen kann

- der Betroffene oder sein Bevollmächtigter bzw. Vertreter unabhängig von einem Strafverfahren zivilrechtliche Schadensersatzansprüche gegenüber der Pflegeeinrichtung und der Pflegekraft geltend machen kann

Die Gerichte messen in solchen Fällen der Pflegedokumentation eine sehr große Bedeutung zu. Dabei gilt der Grundsatz, dass nur die Maßnahmen, die dokumentiert wurden, auch als durchgeführt gelten. Das heißt, was nicht dokumentiert ist, wurde aus Sicht der Gerichte auch nicht gemacht.

Ist die Dokumentation fehlerhaft, sehen die Gerichte darin ebenfalls ein Indiz für eine mangelhafte Pflege. Das wiederum bedeutet: Die Pflegefachkraft müsste in einem Zivilprozess den Sachverhalt der mangelhaften Dokumentation entkräften.

Beispiel:

Das Landgericht Bonn beantwortete die Frage dahingehend, dass ein Dekubitus immer vermeidbar ist (LG Bonn, Urteil vom 23.12.2011, Az. 9 O 364/08).

Sturz des Patienten bzw. Pflegebedürftigen bei der Durchführung einer Pflegemaßnahme

Ein Pflegefehler kann auch beim Transfer eines Patienten bzw. Pflegebedürftigen entstehen, etwa wenn dieser durch ein falsches Handling der Pflegekraft stürzt. Grundsätzlich müssen Transfermaßnahmen so durchgeführt werden, dass ein Sturz des Patienten bzw. Pflegebedürftigen ausgeschlossen ist. Das heißt, wenn es erforderlich erscheint, müssen zwei Pflegekräfte oder angemessene Hilfsmittel für den Transfer eingesetzt werden.

Die erforderliche Sorgfalt der Pflegekraft ist ein elementarer Bestandteil des Pflegevertrages. Sie ist ein Bestandteil der Verpflichtung der Pflegeeinrichtung zu sachgerechter, pflegerischer Versorgung.

Mangelhafte Krankenbeobachtung

Die Krankenbeobachtung ist eine spezifische Aufgabe der Pflegekräfte. Als Pflegekraft haben Sie intensiven Kontakt zum Patienten bzw. Pflegebedürftigen. Zumeist ist dieser Kontakt intensiver als der Kontakt des Arztes zum Patienten. Deshalb gehört es zu Ihren Pflichten als Pflegekraft, die Reaktionen des Patienten etwa auf Behandlungsmaßnahmen aufmerksam zu beobachten. Treten Komplikationen auf, müssen Sie den Arzt verständigen. Sie dürfen als Pflegefachkraft keine eigene Entscheidung treffen, wie in einer Krankheitssituation zu verfahren ist, solange der Patient nicht akut gefährdet ist.

Ist der Hausarzt verhindert, müssen Sie versuchen, einen anderen Arzt herbeizuholen. Wenn es die Situation erfordert, sollten Sie einen Bereitschaftsarzt oder den Notarzt verständigen. Dies gilt auch für den Fall, wenn sich der behandelnde Hausarzt nachhaltig weigert, eine Anordnung zu treffen oder zum Hausbesuch zu kommen. Die Krankenbeobachtung ist eine wichtige Aufgabe in der Pflege. Fällt Ihnen zum Beispiel bei einem Patienten eine Hautrötung, die zu einem Dekubitus führen könnte, nicht auf, werden

Sie es auch unterlassen, dafür zu sorgen, dass eine angemessene Prophylaxe eingeleitet und angewendet wird. Die Entstehung eines Dekubitus wäre dann wiederum eine Körperverletzung durch Unterlassen.

Fehlerhafte Behandlungspflege

Maßnahmen, die Sie als Pflegefachkraft aufgund ärztlicher Anordnung durchführen, zählen zur Behandlungspflege. Auch bei der Durchführung der Behandlungspflege können Ihnen Sorgfaltspflichtverletzungen unterlaufen, wie etwa:

- die falsche Ausführung der Anordnung des Arztes, zum Beispiel wenn Sie ein anderes Medikament als angeordnet verabreichen

- die notwendigen Hygienemaßnahmen, etwa bei einem MRSA-Patienten, nicht einhalten und die Infektion weitertragen

- statt des angeordneten feuchten Verbandes einen trockenen Verband anlegen. Beim nächsten Verbandswechsel reißt die Wunde auf

- trotz eines – von Ihnen wahrgenommenen – Hämatoms wird auf Anordnung des Arztes ein Medikament in das Hämatom injizieren, was zu einem Spritzenabszess führt

Risiko Medikamentengabe

Während der Arzt für die gewählte Arzneimitteltherapie die sogenannte „Anordnungsverantwortung" trägt, ist die Durchführung der Anordnung dem Verantwortungsbereich der Pflege zuzuordnen. Das betrifft beispielsweise das Stellen von Arzneimitteln, was zu den Aufgaben der Pflegefachkräfte gehört.

Wenn Sie als Pflegekraft Bedenken haben, ein verordnetes Arzneimittel zu verabreichen bzw. ein Medizinprodukt anzuwenden, müssen Sie diese Zweifel, gegebenenfalls durch Rücksprache mit dem Arzt, zunächst abklären. Der Arzt ist grundsätzlich nicht für Fehler der Pflegekräfte verantwortlich. Sie als Pflegekraft können sich wiederum grundsätzlich darauf verlassen, dass die Voraussetzungen für die Durchführung der vom Arzt verordneten Behandlungsmaßnahme vorliegen. Sie dürfen auch davon ausgehen, dass der Patient in die Durchführung der ärztlich verordneten Arzneimitteltherapie eingewilligt hat.

Ausnahme: Der Patient zieht seine Einwilligung ausdrücklich zurück, weil er zum Beispiel Angst vor den zu erwartenden Nebenwirkungen hat.

Mangelhafte Hygiene

Wenn Sie die vorgeschriebenen Hygienemaßnahmen nicht ausreichend beachten, können sich Infektionskrankheiten auf einer Station, einem Wohnbereich oder von Patient zu Patient ausbreiten. In diesem Fall kann Ihre Nachlässigkeit zum Tatbestand der Körperverletzung führen.

3

Ob der Fehler tatsächlich zu einer Haftung führt, hängt wiederum davon ab, ob die eingetretene Folge vermeidbar gewesen wäre.

Wenn Dritte zu Schaden kommen

Wenn Sie als Pflegekraft einen Schaden verursachen, werden Sie unter Umständen mit weiteren Geschädigten als dem unmittelbar betroffenen konfrontiert. Denn nicht nur ein Patient oder Pflegebedürftiger kann zivilrechtlich Schadensersatzansprüche geltend machen, sondern auch geschädigte Dritte.

Als geschädigter Dritter kommt in erster Linie die Krankenversicherung des Patienten infrage, die für die Behandlungskosten, die etwa durch einen Dekubitus oder einen Sturz entstanden sind, aufkommen muss. Die Krankenversicherung wird daher Schadensersatz für die durch die mangel- oder fehlerhafte Pflege verursachten Behandlungskosten fordern.

Bei sturzbedingten Behandlungen ist es sogar ein Standardverfahren der Krankenkassen, einen sogenannten Unfallfragebogen an die Versicherten bzw. die Einrichtung, in der sie wohnen, zu senden. Ziel dieses Fragebogens ist es, zu prüfen, ob jemand anderes als die Krankenversicherung für die entstandenen Kosten aufkommen muss. Deshalb ist es gerade in Pflegeheimen sehr wichtig, Stürze genauestens zu dokumentieren. Dann können solche Fragebögen ohne Probleme wahrheitsgemäß ausgefüllt werden, ohne Haftungsansprüche auszulösen.

Neben den zivilrechtlichen Ansprüchen von Geschädigten und der strafrechtlichen Haftung aufgrund einer Anzeige oder auf Veranlassung der Staatsanwaltschaft drohen Ihnen als Pflegekraft zudem arbeitsrechtliche Konsequenzen. Das kann eine mündliche Ermahnung oder eine Abmahnung durch Ihren Vorgesetzten sein. In schwerwiegenden Fällen, wenn Sie zum Beispiel schon mehrfach für den gleichen Fehler, der zum Schaden geführt hat, gerügt wurden, kommt auch eine (fristlose) Kündigung durch den Arbeitgeber infrage.

Beweislastumkehr

Bei der zivilrechtlichen Haftung wird immer die Frage behandelt, ob und in welcher Form gegenüber einem Geschädigten eine Entschädigung geleistet werden muss, beispielsweise für erlittene Schmerzen. Es kommt allerdings nur zu einer Haftung, wenn die geschädigte Person selbst tätig wird und aktiv Schadensersatz einklagt. In diesem Fall muss diese Person als Anspruchsteller darlegen und beweisen, dass ihr ein Schaden entstanden ist. Darüber hinaus muss sie das Verschulden des Beschuldigten und den Umfang des Schadens nachweisen. Beweise können erbracht werden durch Zeugenaussagen, Dokumente oder Sachverständigengutachten.

Anders ist dies jedoch, wenn die sogenannte Beweislastumkehr eintritt. Dies kann beispielsweise passieren, wenn die Pflegedokumentation mangelhaft oder auch nur lückenhaft ist oder sogar fehlt. Das kann in einem Verfahren wegen Schadenersatzansprüchen gegen die betroffene Einrichtung und die durchführende Pflegefachkraft verwendet werden. Denn genau dieser Mangel führt dann zur sogenannten Beweislastumkehr: Das heißt, der Geschädigte muss nicht mehr beweisen, dass ihm ein Schaden zugefügt wurde. Wenn die Pflegedokumentation lückenhaft ist, ist nunmehr die Einrichtung bzw. der Beschuldigte in der Beweispflicht, dass der Schaden nicht durch die Pflege entstanden ist.

Dieser Nachweis ist in der Praxis – gerade wenn die Dokumentation unvollständig ist – nur sehr schwer zu erbringen. Gelingt dieser Nachweis nicht, geht das Gericht davon aus, dass der Vorwurf des Klägers gerechtfertigt ist. Der Prozess ist damit für den Beklagten verloren. Gemeint sind die Fälle, in denen der Geschädigte folgende Vorwürfe erhebt:

- Grob fahrlässiges Handeln

- Beweisvereitlung

- Anscheinsbeweis

- Dokumentationslücken

- Verlust der Krankenakte

Besondere Bedeutung kommt der Pflegedokumentation zu. Sie dient nicht nur der Qualitätssicherung und -kontrolle in der Pflege, sie stellt auch „Waffengleichheit" zwischen Patient und Pflegekräften bzw. Einrichtungen her, wenn es um die Beweissicherung im Zusammenhang mit Haftungsfällen geht. Auch deshalb haben Patienten grundsätzlich das Recht, Einblick in die Pflegedokumentation zu nehmen. Nur ausnahmsweise, wenn zu befürchten ist, dass es für den Patienten von Nachteil ist, Einblick zu nehmen, kann er verwehrt werden. Das ist zum Beispiel der Fall, wenn der Patient durch die Dokumentation einer zunehmenden Demenz suizidgefährdet wäre.

Schadensersatzansprüche des Arbeitgebers

Neben den zivilrechtlichen Schadensersatzansprüchen der geschädigten Patienten oder Bewohner kann auch Ihr Arbeitgeber Ansprüche aus dem Arbeitsvertrag gegen Sie als Pflegefachkraft geltend machen. Rechtlich wirken hier das Zivil- und Arbeitsrecht. Denn im Schadensfall macht Ihr Patient oder Bewohner in der Regel seine Ansprüche gegenüber Ihrem Arbeitgeber geltend. Diese Ansprüche leitet der Geschädigte aus dem mit der Einrichtung geschlossenen Behandlungs-, Pflege- oder Heimvertrag ab.

Das Arbeitsrecht hat andere Regelungen als das BGB. Hier wird eine unbeschränkte Schadenshaftung des Mitarbeiters von den Arbeitsgerichten als zu hart empfunden. Denn selbst dem sorgfältigsten Mitarbeiter können Fehler unterlaufen. Außerdem legt Ihr Arbeitgeber viele Risikofaktoren, etwa teure Arbeitsmittel, selbst fest.

In der Rechtsprechung wird dies „gefahrgeneigte Arbeit" genannt. Das heißt, Sie haben darauf keinen Einfluss und können diesen Risiken auch nicht ausweichen. Im schlimmsten Fall könnte deshalb eine unbegrenzte Haftung für Sie die wirtschaftliche Existenzvernichtung bedeuten.

Um das zu verhindern, haben Arbeitsgerichte einen „innerbetrieblichen Schadensausgleich", also eine Aufteilung der Kosten zwischen Ihnen und Ihrem Arbeitgeber entwickelt. Dazu hat das Bundesarbeitsgericht (BAG) das nachfolgende Schema der Arbeitnehmerhaftung entwickelt:

- **Leichte Fahrlässigkeit**
  Leichte Fahrlässigkeit liegt bei geringfügigen Sorgfaltsverstößen vor, etwa wenn Sie einen Lifter nutzen, dabei wegen des engen Raumes gegen eine Wand stoßen und dadurch den Lifter oder die Wand beschädigen. Hier gilt „das kann im Arbeitsalltag einfach mal passieren". Sie haften in diesem Fall nicht, Ihr Arbeitgeber muss für den Schaden vielmehr alleine aufkommen.

- **Mittlere Fahrlässigkeit**
  Mittlere Fahrlässigkeit liegt vor, wenn Sie nicht die erforderliche Sorgfalt walten lassen. Das ist etwa der Fall, wenn Sie den Lifter nutzen und das elektrische Bedienteil nachlässig auf den rutschigen Rand der mit Wasser gefüllten Wanne legen. Es ist naheliegend, dass das Bedienteil ins Wasser fällt und daraufhin einen Defekt aufweisen wird. In diesem Fall erfolgt eine Quotelung des Schadens. Das heißt, Sie und Ihr Arbeitgeber tragen nach Abwägung der Gesamtumstände, wie etwa Schadensanlass, Schadensfolgen und die Höhe Ihres Gehalts, eine anteilige Haftung für den entstandenen Schaden. Wenn Ihnen das Bedienteil in die Wanne fällt, weil Sie schnell handeln mussten, etwa um einen Patienten oder Bewohner vor Schaden durch einen Sturz zu schützen, liegt dagegen keine mittlere Fahrlässigkeit vor.

- **Vorsatz oder grobe Fahrlässigkeit**
  Vorsatz oder grobe Fahrlässigkeit liegt vor, wenn Ihnen klar ist, dass Ihr Handeln zu einem Schaden führen wird oder Sie den Schaden zumindest billigend in Kauf nehmen. Das ist etwa der Fall, wenn Sie den Lifter ungebremst an die abschüssige Rampe vor eine Glastüre stellen. Hier ist es für Sie vorhersehbar, dass der Lifter wahrscheinlich in die Glasscheibe der Türe rollen wird. In diesem Fall verletzen Sie die im Verkehr gebotene Sorgfalt in hohem Maße. Denn Sie lassen völlig unbeachtet, was jedem klar gewesen wäre: Der Lifter wird auf der abschüssigen Rampe ungebremst in die Glasscheibe der Türe rollen. Deshalb tragen Sie in diesem Fall die volle Haftung. Das heißt, Sie müssen den Schaden, den Sie verursacht haben, komplett ersetzen.

Wichtig: Die vom Bundesarbeitsgericht entwickelten Grundsätze über die Arbeitnehmerhaftung sind ein zwingendes Arbeitnehmerschutzrecht. Ihr Arbeitgeber darf davon also weder im Arbeitsvertrag noch in einer Betriebsvereinbarung abweichen. Wenn in Ihrem Arbeitsvertrag die Haftung auch schon für leichte Fahrlässigkeit vereinbart ist, dann ist diese Klausel unwirksam. Allerdings gelten die oben beschriebenen Haftungsbeschränkungen nur bei Sach- und Vermögensschäden. Für Personenschäden, die Sie einem Patienten, Bewohner oder Arbeitskollegen in Ausübung Ihrer Arbeit zufügen, steht die gesetzliche Unfallversicherung ein. Aber auch hier haften Sie bei Vorsatz selbst.

So verhalten Sie sich im Schadensfall richtig

Pflegeeinrichtungen sind immer häufiger in der Situation, dass Patienten, Bewohner oder die Krankenversicherung – auch ohne Verschulden oder Fehlverhalten – Schadensersatzansprüche anmelden.

Beispiel:

Der Bewohner einer Pflegeeinrichtung entwickelte ein Dekubitalgeschwür, das zu einer langwierigen Behandlung führte. Bei der Behandlung des Dekubitus waren auch Hauttransplantationen erforderlich. Die Krankenkasse des Bewohners ließ nicht lange auf ihre Regressforderungen warten. Denn allein die Behandlungskosten können in so einem Fall schnell 40.000 Euro betragen. Zudem wird im Allgemeinen bei einem Dekubitalgeschwür von einem Pflegefehler ausgegangen.

Nun stellt sich die Frage, ob ein schuldhaftes Verhalten der Pflegekräfte durch Pflegefehler oder Unterlassen festgestellt werden kann. Ist dies der Fall, kann der Bewohner auch noch Schmerzensgeldansprüche geltend machen. Die Pflegedokumentation ist in diesem Fall das wichtigste Beweismittel für die beschuldigte Einrichtung.

Bei Schadensersatzansprüchen handelt es sich um eine komplizierte rechtliche Situation, in der das Fehlverhalten der Einrichtung zu großen Schwierigkeiten führen kann. Am besten gehen Sie in den nachfolgenden Schritten vor.

1. Die Einrichtung benötigt eine Schweigepflichtentbindung des Geschädigten

Der Patient oder Bewohner, um den es geht, muss die Mitarbeiter der beschuldigten Einrichtung von ihrer Schweigepflicht entbinden. Nur dann können die Pflegedokumentation und gegebenenfalls weitere Unterlagen an den rechtlichen Vertreter des Patienten bzw. Bewohners, etwa den Rechtsanwalt oder die Krankenkasse, und an die Betriebshaftpflichtversicherung herausgegeben werden.

Bei einer Entbindung von der Schweigepflicht müssen nicht die Originalunterlagen, sondern Kopien zur Verfügung gestellt werden. Allerdings müssen nur die Unterlagen herausgegeben werden, die im Zusammenhang mit der Pflege stehen. Persönliche Notizen oder persönliche Anmerkungen müssen nicht herausgegeben werden. Originale sollten Sie niemals an andere weitergeben.

3

2. Die Betriebs- und Haftpflichtversicherung wird eingeschaltet

Sobald ein Schadensfall im Raum steht, sollte umgehend die Betriebs- oder Berufshaftpflichtversicherung darüber informiert werden. Eine Klärung des Sachverhaltes ist dazu nicht erforderlich. Der Versicherung muss zunächst nur mitgeteilt werden, wer warum Schadensersatzansprüche gegen die Einrichtung oder einen Mitarbeiter stellt.

Ein Rechtsanwalt sollte erst verpflichtet werden, wenn dies mit Ihrer Haftpflichtversicherung abgestimmt wurde.

3. Es wird eine Stellungnahme verfasst

Wenn die Schweigepflichtentbindung vorliegt, sollte eine ausführliche Stellungnahme zu dem vorgetragenen Sachverhalt verfasst werden. Der Stellungnahme werden Kopien aller Unterlagen, die im Zusammenhang mit dem Vorwurf stehen, etwa Lagerungspläne, Durchführungsnachweise, Berichtblätter, beigefügt und an die Haftpflichtversicherung gesandt.

4. Auf keinen Fall ein Schuldanerkenntnis abgeben

Der Beschuldigte sollte gegenüber dem Gegner keine Schadensersatzansprüche anerkennen und keinerlei Kostenübernahme zusagen. Eine Haftungssituation zu beurteilen ist sehr schwierig. Deshalb sollte die Beurteilung des möglichen Anspruchs allein dem Haftpflichtversicherer überlassen werden.

Schriftverkehr weiterleiten

Wenn Post im Zusammenhang mit dem Schadensfall an die Einrichtung oder beschuldigte Pflegekraft zugestellt wird, sollte die Haftpflichtversicherung umgehend informiert und die Post an sie weitergeleitet werden.

Straftaten in der Pflege

Es ist wenigen Pflegekräften bewusst, dass sie durch ihr Handeln unter bestimmten Umständen einen strafrechtlichen Tatbestand erfüllen können. Denn im Pflegealltag ist es schnell geschehen, dass die persönliche Freiheit, die körperliche Unversehrtheit oder die freie Willensentscheidung eines Patienten oder Bewohners missachtet wird.

Wenn eine Pflegekraft einen Bewohner beispielsweise mit seinem Stuhl so nah an den Tisch schiebt, dass er nicht aufstehen kann, ist dies bereits eine Grenzüberschreitung. Wenn hierfür keine Genehmigung des Betreuungsgerichts vorliegt, dass der Betroffene am Aufstehen gehindert werden darf, handelt es sich um eine Freiheitseinschränkung.

Aber nicht immer wird ein strafrechtliches Verhalten als solches wahrgenommen. Oftmals verkennt eine Pflegekraft die Relevanz ihres Handelns. Nachfolgend erhalten Sie einige Beispiele für pflegerisches Handeln, das gleichzeitig den Straftatbestand der Freiheitseinschränkung oder des Betruges erfüllt:

- Anlegen von nicht genehmigten Bauchgurten, ohne eine Möglichkeit für den Patienten oder Bewohner, diese selbst zu lösen

- Regelmäßiges Hochstellen der Bettseitensicherung, damit der Patient oder Bewohner das Bett nicht verlassen kann

- Abschließen des Zimmers, so dass der Patient oder Bewohner es nicht verlassen oder nicht aufsuchen kann

- Abschließen der Wohnung oder des Wohnbereichs oder das Verstellen von Türen mit Gegenständen, so dass die Ausgangstüre nicht mehr problemlos genutzt werden kann, sowie die Verwendung von Trickschlössern oder Zahlencodes

- Fixierungen des Patienten oder Bewohners mit Decken oder sogenannten Pflegeanzügen

- Vortäuschen von Verriegelungen, etwa wenn die Pflegekraft dem Patienten oder Bewohner sagt, er könne nicht gehen, weil die Türe abgeschlossen sei und sie keinen Schlüssel habe

- Wegnahme von Kleidung oder das Abschließen des Kleiderschranks

- Ausübung von psychischem Druck, wenn eine Pflegekraft etwa droht: „Wenn Sie jetzt rausgehen, findet Ihre Tochter Sie nicht und kommt nicht mehr wieder." oder „Wenn Sie nicht aufhören, zu rufen, müssen Sie ins Bett"

- Heimliches Untermischen von Medikamenten in Speisen und Getränke

Wirksamer Schutz vor Haftungsfällen

Sie können Haftungsrisiken niemals völlig ausschließen. Aber Sie können sie bei Ihrer täglichen Arbeit minimieren und kalkulierbar machen. Dabei helfen Ihnen die nachfolgend aufgeführten Maßnahmen.

Haftungsfallen vermeiden

- **Achten Sie bei Ihrer Arbeit auf eine vorschriftsmäßige Handlungsweise und Dokumentation**
Dokumentieren Sie alle risikobehafteten Ereignisse wie etwa Sturz oder Hin- bzw. Weglauftendenz eines Patienten/Bewohners, nachvollziehbar in den von Ihrem Arbeitgeber vorgesehenen Formularen, wie etwa Sturzprotokoll und Pflegebericht.

  Halten Sie die verbindlichen Verfahrensanweisungen Ihres Arbeitgebers ein und beachten Sie die in den Anweisungen benannten Zuständigkeiten und Verantwortungsbereiche Ihrer Kollegen und Vorgesetzten.

- **Informieren Sie Bewohner, Patienten und deren Angehörige über bestehende Risiken**
Machen Sie Patienten bzw. Bewohner und deren Angehörige frühzeitig auf ihre individuellen Risiken aufmerksam und bieten Sie ihnen auch Lösungsmöglichkeiten an. Diese Gespräche dokumentieren Sie in der Pflegedokumentation des Betroffenen.

  Wenn möglich, lassen Sie sich solche Aufklärungsgespräche durch die Unterschrift des Patienten, Bewohners und der Angehörigen oder den gesetzlichen Betreuer bestätigen.

---

noch: Checkliste: Haftungsfallen vermeiden

■ **Klären Sie ab, ob Ihr Arbeitgeber eine Haftpflichtversicherung für seine Mitarbeiter abgeschlossen hat**
Erkundigen Sie sich bei Ihrem Arbeitgeber, ob er eine Versicherung abgeschlossen hat, die für eine Haftungsbegrenzung bei den Mitarbeitern sorgt. Sollte eine solche Versicherung von Ihrem Arbeitgeber nicht abgeschlossen worden sein, schließen Sie sicherheitshalber selbst eine Berufshaftpflichtversicherung ab.

■ **Klären Sie bei der Übernahme ärztlicher Tätigkeiten, wer die Haftung übernimmt**
Wenn ein behandelnder Arzt eine Behandlungsmaßnahme an Sie delegiert, etwa eine Injektion, klären Sie, ob der verordnende Arzt die Verantwortung für die zivilrechtliche Haftung bei der Ausführung dieser ärztlichen Tätigkeit übernimmt. Die Haftungsübernahme sollte schriftlich erfolgen.

■ **Achten Sie besonders auf Demenzerkrankte mit ausgeprägtem Bewegungsdrang**
Demenzerkrankte mit einem erhöhten Bewegungsdrang brauchen zum einen Freiraum, um diesen Drang ausleben zu können. Zum anderen besteht das Risiko, dass sie „weglaufen". Sie müssen die Angehörigen dieser Patienten beraten, wie sie den demenzerkrankten Patienten schützen können. Bewohner müssen Sie besonders gut im Auge behalten, damit die nicht unbeaufsichtigt die Einrichtung verlassen.

■ **Handeln Sie gegenüber Patienten oder Bewohnern nie mit Täuschungsabsicht**
Geben Sie einem Patienten oder Bewohner keine verdeckten Medikamente, die er ansonsten ablehnen würde (z. B. untergemischt in Getränke oder Essen). Belügen Sie einen Patienten oder Bewohner auch nicht im Hinblick auf die Wirkung eines Medikamentes, etwa wenn Sie ein Sedativum verabreichen und sagen, die Tablette sei gegen Schmerzen.

Sie können nicht ausschließen, dass Ihnen ein Fehler unterläuft, der eine Haftung Ihres Arbeitgebers oder sogar Ihre persönliche Haftung zur Folge haben kann. Wichtig ist, dass Sie alles tun bzw. getan haben, was Ihnen möglich war, um Fehler, bei denen ein Patient oder Bewohner zu Schaden kommen könnte, zu vermeiden.

Übernahme ärztlicher Aufgaben

Ihr Arbeitgeber hat Ihnen gegenüber ein Direktions- bzw. Weisungsrecht. Im Rahmen dieses Rechts bestimmt er darüber, wie und in welchem Umfang, wann und wo Sie die Arbeitsleistung zu erbringen haben. Dazu gehört auch, dass ärztliche Aufgaben auf das nicht ärztliche Pflegepersonal übertragen werden können. Denn der Arzt braucht nicht alle Leistungen persönlich zu erbringen. Er kann Aufgaben auch an ausreichend qualifizierte Mitarbeiter übertragen (§ 28 Abs. 1 SGB V).

Beispiel:

Sie führen im ambulanten Pflegedienst bei Frau Braun regelmäßig die morgendliche Grundpflege durch und haben einen Schlüssel zur Wohnung. Als Sie an diesem Morgen klingeln, betätigt Frau Braun den Türöffner nicht. Deshalb nutzen Sie, wie vereinbart den Schlüssel. Nichts Gutes ahnend betreten Sie die Wohnung. Frau Braun liegt in ihrem Sessel und rührt sich nicht. Sie treten an den Sessel heran und stellen fest, dass Frau Braun bewusstlos ist.

Da Sie wissen, dass sie Diabetikerin ist, messen Sie sofort den Blutzuckerspiegel. Der Wert beträgt 39 mg/dl. In der Pflegedokumentation steht, dass der Hausarzt für einen solchen Fall eine sofortige i.m. Injektion GlucaGen® angeordnet hat. Erst danach soll er verständigt werden.

Mit dieser Anordnung hat der Hausarzt Sie mit einer ärztlichen Tätigkeit beauftragt, die eigentlich er selbst durchführen müsste. Trotzdem: Seine Vorgehensweise ist völlig in Ordnung.

Die Übertragung von Aufgaben wird „Delegation" genannt. Es gibt keine gesetzlichen Regelungen, die sich konkret mit der ärztlichen Delegation auf Pflegefachkräfte befassen. Stattdessen werden Grundsätze angewendet, die sich durch Literatur und Rechtsprechung herausgebildet haben. Der überwiegende Teil dieser Grundsätze stammt aus Verfahrensweisen in Krankenhäusern. Diese werden zunehmend auf ambulante und stationäre Pflegeeinrichtungen übertragen.

Wenn Aufgaben delegiert werden, ist das im Grunde eine Form der Arbeitsteilung. Dabei wird zwischen horizontaler und vertikaler Delegation unterschieden. Die „horizontale Delegation" ist durch die Gleichordnung und Weisungsfreiheit der Beteiligten gekennzeichnet, wie das zum Beispiel in der Zusammenarbeit von Kollegen, etwa Pflegefachkräften untereinander, besteht. Die „vertikale Delegation" wird dagegen durch hierarchische Prinzipien von Über- und Unterordnung bestimmt, die bspw. zwischen Pflegefachkräften und Pflegehilfskräften besteht.

Die Delegation ärztlicher Aufgaben an Pflegefachkräfte unterliegt somit der vertikalen Delegation. Denn der Arzt ist der Pflegefachkraft im Rahmen der ärztlichen Anordnungen hierarchisch übergeordnet. Allerdings ist die Delegation ärztlicher Aufgaben auf das Pflegepersonal nur in begrenztem Umfang zulässig. Für die Zulässigkeit müssen bestimmte Voraussetzungen erfüllt sein:

3

- **Der Patient muss zustimmen**
  Zustimmung heißt, der Patient bzw. Bewohner muss eingewilligt haben, dass die Pflegfachkraft statt des Arztes die Behandlungsmaßnahme durchführt.

- **Der Arzt muss die Pflegekraft einweisen**
  Das heißt, die Maßnahme muss schriftlich angeordnet sein. Zudem muss er auch präzise schriftliche Angaben zur Verordnung machen. Das heißt, die Verordnung muss Angaben darüber enthalten, welche Maßnahme wann, in welcher Art oder Dosis, wie oft und in welcher Form erfolgen soll. Es müssen auch Hinweise zu Gefahren der Maßnahme vorhanden sein.

  Für die Medikamentenverordnung sind zum Beispiel diese Voraussetzungen erfüllt, wenn eindeutig beschrieben ist, welches Medikament aufgrund welcher Diagnose oder Symptome in welcher Applikationsform (Tablette, Tropfen, Dragees etc.) und Menge oder Dosis, zu welchem Zeitpunkt und wie oft verabreicht werden soll. Darüber hinaus muss der Arzt angegeben haben, welche Höchstdosis in 24 Stunden erlaubt ist, welche Nebenwirkungen auftreten können und welche Komplikationen möglich sind.

- **Die Pflegekraft muss für die Übernahme der Aufgabe qualifiziert sein**
  Der Schwierigkeitsgrad der übertragenen ärztlichen Aufgabe muss in „technischer und handwerklicher" Hinsicht dem tatsächlichen Ausbildungs-, Wissens- und Erfahrungsstand der Pflegefachkraft (als Adressatin der Delegation) entsprechen.

- **Der Arzt muss kontrollieren**
  Der Arzt muss in der Lage sein, die Ausführung der Aufgabe bzw. Maßnahme effektiv zu überwachen und zu kontrollieren.

- **Die Pflegekraft muss zur Übernahme der Aufgabe bereit bzw. verpflichtet sein**
  Die mit der Aufgabe oder Maßnahme betraute Pflegefachkraft muss bereit sein, die ärztliche Tätigkeit auszuführen. In bestimmten Fällen, etwa wenn Lebensgefahr besteht, kann sie hierzu ausnahmsweise auch verpflichtet sein.

3

Wichtig: Die Delegation ärztlicher Maßnahmen hat Grenzen: Je höher die Gefährdung des Patienten theoretisch oder praktisch eingeschätzt werden muss, desto eher muss der Arzt die Behandlungsmaßnahme selbst vornehmen. Dieses entscheidende Risiko nennt sich „Komplikationsdichte". Zudem darf die Art des Eingriffes oder der Maßnahme nicht das persönliche Handeln des Arztes erfordern. Das ist immer nur der Fall, wenn die Komplikationsdichte niedrig ist.

Weil die Übernahme ärztlicher Aufgaben im Rahmen des Direktions- und Weisungsrechts des Arbeitgebers erfolgt, trägt der Arbeitgeber auch die sogenannte „Organisationsverantwortung". Das heißt, der Arbeitgeber ist verpflichtet, dafür zu sorgen, dass Fehler vermieden werden. Das erfordert unter anderem gute Kooperationsabläufe.

Deshalb muss der Arbeitgeber mit seiner Organisation gewährleisten, dass Fehler durch Mängel in der Kommunikation, Koordination, Qualifikation und Kompetenzabgrenzung vermieden werden.

Die Organisationsverantwortung des Arbeitgebers ist vor allem im Zivilrecht, wenn ein Patient oder Bewohner Schadensersatzansprüche geltend machen will, wichtig. Ist die Organisation in der Pflegeeinrichtung mangelhaft, können Fehler nicht der Pflegefachkraft, sondern allein dem Arbeitgeber angelastet werden.

Beispiel:

Ein Arzt, der die intramuskuläre Injektion eines Medikamentes an eine Pflegefachkraft delegiert, trägt die „Anordnungsverantwortung". Er muss sich deshalb davon überzeugt haben, dass die Pflegefachkraft zur Durchführung der Injektion überhaupt befähigt ist. Die Pflegefachkraft, die bereit ist und sich in der Lage sieht, die Maßnahme durchzuführen, trägt die „Durchführungsverantwortung".

Die „Organisationsverantwortung" der Einrichtung für ärztlich delegierbare Aufgaben wird überwiegend im Rahmen von Durchführungsstandards wahrgenommen. Diese Standards müssen auch den Qualitätsanforderungen des SGB XI entsprechen. Sie sind auch äußerst hilfreich, wenn strittig ist, ob Maßnahmen richtig durchgeführt wurden. Auch Gerichte ziehen Standards zur Beurteilung von Sachverhalten heran. Wichtig ist, dass diese in ihrem Inhalt am aktuellen wissenschaftlichen Stand der Pflege orientiert sind. Der jeweils aktuelle wissenschaftliche Stand im Bereich der Pflege wird von Juristen aus gesetzlichen Vorgaben und aus zu diesem Zeitpunkt allgemein anerkannten Veröffentlichungen abgeleitet.

Bestimmte Maßnahmen sollte immer der Arzt selbst ausführen. Deshalb sollten Sie als Pflegefachkraft nicht vorbehaltlos alle Verordnungen des Arztes durchführen. Insbesondere folgende Aufgaben sollten Sie immer einem Arzt überlassen. Die Gabe von:

■ Intravenös zu verabreichende Medikamente

■ Zytostatika

■ Medikamenten, bei denen häufig Zwischenfälle beobachtet worden sind

Was Sie über Ihre Remonstrationspflicht wissen müssen

Sie haben als Pflegekraft ein grundsätzliches Verweigerungsrecht, dessen Gebrauch für Sie zu keinen Nachteilen führen darf. Wenn an Sie als Pflegefachkraft eine ärztliche Aufgabe delegiert wird, tragen Sie die Übernahme- und Durchführungsverantwortung. Deshalb unterliegen Sie auch der sogenannten „Remonstrationspflicht".

Das heißt, haben Sie Zweifel, dass die Anordnung des Arztes (oder eines Vorgesetzten) falsch ist, müssen Sie ihm dies mitteilen. Dies gilt insbesondere dann, wenn Sie einen Schaden für den Patienten befürchten. Sollten Sie beim Arzt kein Gehör finden, informieren Sie unverzüglich Ihren unmittelbaren Vorgesetzten.

Wird die aus Ihrer Sicht falsche Anordnung aufrechterhalten, sollten Sie sich an die Pflegedienstleitung wenden. Wenn Ihre Bedenken nicht geteilt werden, sollte die Anordnung durchgeführt werden. Sie können vom Arzt oder von Ihrem Vorgesetzten jedoch verlangen, dass er Ihre Bedenken und die weitere Anordnung schriftlich bestätigt.

Sind Sie für die Ausführung einer Behandlungspflege nicht ausreichend qualifiziert, etwa bei i. m. Injektionen, können Sie die Ausführung der Maßnahme verweigern. Auch wenn Sie sich selbst nicht fachlich qualifiziert fühlen, müssen Sie die Maßnahme nicht durchführen. Wenn eine Anordnung für Sie erkennbar den Strafgesetzen zuwiderläuft, etwa die bewusste Überdosierung eines Medikaments, müssen Sie dies nicht befolgen. Die Nichtdurchführung einer Anordnung müssen Sie demjenigen, der sie angeordnet hat, immer mitteilen.

3 Weil Sie als Pflegefachkraft bei der Delegation die „Durchführungsverantwortung" tragen, ist es wichtig, dass Sie genau prüfen, ob Sie eine Maßnahme durchführen können. Fühlen Sie sich zum Beispiel auf Grund Ihres Ausbildungsstandes oder Ihrer mangelnden Erfahrung bzw. Routine nicht in der Lage, die Maßnahme auszuführen, so dürfen Sie die Durchführung auch ablehnen. Denn würden Sie die Maßnahme trotz mangelnder Kenntnis oder Erfahrung durchführen, könnte es zu einer Gefährdung des Patienten kommen.

Sollten Sie die Durchführung einer Anordnung übernehmen, obwohl Sie wissen, dass Sie dazu nicht geeignet sind, besteht im Schadensfall ein „Übernahmeverschulden". Sie tragen also Schuld und können haftbar gemacht werden, weil Sie die Aufgabe trotz besseren Wissens übernommen und ausgeführt haben.

Darüber hinaus gilt: Nur weil der Arzt etwas anordnet, entbindet Sie das als Pflegefachkraft nicht davon, damit in Zusammenhang stehende gesetzliche Grundlagen und Vorgaben zu beachten. Das heißt, Sie sind immer verpflichtet, zu prüfen, ob die Handlung, die Sie ausführen möchten oder sollen, der betroffenen Person (eventuell auch unbeabsichtigten) Schaden zufügen könnte. Natürlich können Sie diese Prüfung nur im Rahmen Ihrer Kenntnisse durchführen.

Wenn der Arzt eine telefonische Anordnung trifft

Es kann Ihnen im Arbeitsalltag auch passieren, dass die ärztliche Anordnung per Telefon erfolgt, etwa wenn Sie einen Arzt über eine Veränderung des Allgemeinzustandes eines Patienten informieren. Im Grunde gehört die telefonische Verordnung im ambulanten und stationären Bereich zu den Regelfällen.

Als Pflegefachkraft informieren Sie den behandelnden Arzt so schnell wie möglich über eine Veränderung des Allgemeinzustandes des Patienten per Telefon. Daraufhin erfolgt eine Anordnung des Arztes, der nicht immer sofort persönlich zu seinem Patienten kommen kann. Bei solchen telefonischen Anordnungen sollten Sie als Pflegefachkraft die folgenden Punkte beachten:

- Dokumentieren Sie die Veränderungen bzw. Symptome möglichst genau so, wie Sie sie dem Arzt beschrieben bzw. mitgeteilt haben.

- Halten Sie die Anordnung des Arztes schriftlich fest und wiederholen Sie das Aufgeschriebene gegenüber dem Arzt.

3

- Lassen Sie sich danach vom Arzt bestätigen, ob Sie die Anordnung richtig verstanden haben.

- Sollten Sie Bedenken oder Einwände gegen die Anordnung haben, teilen Sie dies dem Arzt sofort mit. Dokumentieren Sie auch das.

- Machen Sie einen Vermerk, dass es sich um eine telefonische Anordnung handelt. Notieren Sie ebenfalls die Wiederholung der niedergeschriebenen Anordnung und die Bestätigung des Arztes in etwa so: „Die Anordnung wurde dem Arzt wie dokumentiert vorgelesen und von ihm so bestätigt."

- Wenn Ihnen ein Fax zur Verfügung steht, bitten Sie den Arzt, die Anordnung zur Sicherheit zu faxen.

- Lassen Sie die von Ihnen dokumentierte Anordnung bei nächster Gelegenheit unbedingt vom Arzt abzeichnen.

Praxis-Tipp:

Wenn die Medikamentenverordnung mit dem Arzt telefonisch erfolgt, ist es sinnvoll, das Telefon auf Lautsprecher zu stellen, sodass ein Kollege zuhören kann. Teilen Sie dem Arzt mit, dass Sie den Lautsprecher anstellen und Ihr Kollege zuhört. Sie können beispielsweise sagen: „Damit ich keinen Fehler mache, möchte ich das Telefon laut stellen und meine Kollegin hört mit. Vier Ohren hören besser als zwei. Sind Sie damit einverstanden?"

Wägen Sie bei telefonischen Anordnungen immer ab, ob Sie die Medikamentenanordnung akzeptieren können, obwohl der Arzt seinen Patienten nicht gesehen hat. Kritisch zu betrachten und gegebenenfalls zu hinterfragen sind Anordnungen bei einer

- Veränderung des Allgemeinzustandes, der nicht eindeutig einzuschätzen ist

- Erstverordnung von Psychopharmaka

- Verordnung von Medikamenten mit schweren Nebenwirkungen

Zu Ihrem pflegerischen Alltag gehört aber auch, dass ein Patient oder Bewohner Kopfschmerzen, eine Erkältung oder einen Magen-Darm-Infekt hat. Hier können Sie telefonische Anordnungen des Arztes immer akzeptieren, wenn dieser seinen Hausbesuch zum nächstmöglichen Zeitpunkt zusichert. Auch im Rahmen einer ambulanten, medikamentösen Einstellung können telefonische Anordnungen durchaus sinnvoll sein und dem Patient bzw. Bewohner eventuell einen Krankenhausaufenthalt ersparen.

Sollten Sie bei einer telefonischen Anordnung unsicher sein, müssen Sie bei sofortigem Handlungsbedarf einen Notarzt hinzuziehen, wenn der Hausarzt nicht bereit oder in der Lage ist, den Patienten oder Bewohner vor seiner Anordnung innerhalb eines angemessenen Zeitraums zu untersuchen.

Die nachfolgende Aufzählung hilft Ihnen, Routine im sicheren Umgang mit telefonischen Anordnungen des Arztes zu gewinnen.

Worauf Sie bei der Entgegennahme telefonischer Anordnungen achten müssen

- Die von Ihnen beschriebenen Veränderungen bzw. Symptome haben Sie genau so dokumentiert, wie Sie sie dem Arzt mitgeteilt haben.

- Die Anordnung des Arztes haben Sie dokumentiert und das Aufgeschriebene gegenüber dem Arzt auch genau so wiederholt.

- Sie haben sich vom Arzt bestätigen lassen, dass Sie die Anordnung richtig verstanden haben.

- Sie haben auch die Wiederholung der niedergeschriebenen Anordnung und die Bestätigung des Arztes dokumentiert etwa so: „Die Anordnung dem Arzt wie dokumentiert vorgelesen. Diese wurde von ihm so auch bestätigt."

- Bedenken oder Einwände, die Sie haben, haben Sie dem Arzt mitgeteilt und dies ebenfalls dokumentiert.

---

noch: Checkliste: Worauf Sie bei der Entgegennahme telefonischer Anordnungen achten müssen

- Sie haben vermerkt, dass es sich um eine telefonische Anordnung handelt.
- Sie haben den Arzt gebeten, die Anordnung zu faxen.
- Sie lassen die Anordnung vom Arzt bei nächster Gelegenheit abzeichnen!

Grundsätze bei der Medikamentengabe

Für die Gabe des Medikamentes tragen Sie als Pflegefachkraft die Durchführungsverantwortung. Das heißt, Sie sind dafür verantwortlich, dass die Verabreichung sach- und fachgerecht durchgeführt wird. Wie bei allen pflegerischen Maßnahmen besteht auch bei der Medikamentengabe ein Fehlerrisiko. Das Risiko beschränkt sich hier nicht nur auf das Verabreichen von Medikamenten, sondern erstreckt sich auch auf die Krankenbeobachtung.

Beispiel:

Frau Kraft lebt im Pflegeheim und hat von ihrem Hausarzt ein neues Medikament zur Nacht verordnet bekommen, das ihr beim Einschlafen helfen soll. Am dritten Tag nach der erstmaligen Gabe der neuen Tabletten ist Frau Kraft tagsüber sehr schläfrig. Sie wird von den Pflegekräften häufiger und früher als sonst ins Bett gebracht. Die neu aufgetretene Schläfrigkeit wird auch dokumentiert. Das neue Medikament, das zur Nacht gegeben werden soll, wird von den Pflegekräften weiter verabreicht.

Nach einer Woche verständigt die Tochter den Hausarzt darüber, dass ihre Mutter schläfrig, beinahe benommen erscheint. Der Hausarzt stellt fest, dass die von ihm verordnete Tablette kumulierte und für die Benommenheit von Frau Kraft ursächlich ist. Er setzt das Medikament ab. Gleichzeitig wirft er der Wohnbereichsleitung vor, bei der Medikamentengabe „geschlampt" zu haben. Sie hätte den Zusammenhang zwischen der Tablette und dem veränderten, extrem schläfrigen Allgemeinzustand von Frau Kraft erkennen und ihn als den behandelnden Arzt informieren müssen.

Im Umgang mit regelmäßig zu verabreichenden Medikamenten und der Bedarfsmedikation ist Ihre Professionalität gefragt. Wichtig ist für die sachgerechte Durchführung der Medikamentengabe, dass nicht nur die Dokumentation der ärztlichen Anordnung ordnungsgemäß und eindeutig erfolgt ist, sondern Sie als Pflegefachkraft auch beobachten, wie der Patient/Bewohner auf das Medikament reagiert. Beachten Sie die nachfolgenden Maßnahmen bei der Medikamentengabe:

Maßnahme 1: Medikamente sicher stellen

3

Fehler bei der Medikamentengabe können durch eine sorgfältige schriftliche Anordnung des Arztes minimiert werden. Die schriftliche Medikamentenanordnung des Arztes sollte die aufgeführten Bedingungen erfüllen, dann sind Sie als Pflegefachkraft beim Stellen der Medikamente auf der sicheren Seite.

Darüber hinaus können Sie die Fehlerquote beim Stellen der Medikamente senken, indem Sie für das Richten der regelmäßig zu verabreichenden Medikamente das Vier-Augen-Prinzip nutzen. Das heißt, die von Ihnen gestellten Medikamente werden immer durch eine andere Pflegefachkraft kontrolliert. Es schadet natürlich nicht, wenn Sie dokumentieren, dass Sie das Vier-Augen-Prinzip genutzt haben.

Maßnahme 2: Medikamente sicher verabreichen

Lassen Sie sich bei der Medikamentengabe nicht von Ihrer Routine überrumpeln. Am besten gehen Sie immer nach den folgenden Regeln vor und prüfen:

- Richtiger Patient/Bewohner?
- Richtige Form?
- Richtige Dosis?
- Richtige Zeit?
- Richtige Verordnung/Dokumentation?

Maßnahme 3: Besonderheiten bei der Bedarfsmedikation

Die Anordnung von Bedarfsmedikationen erfolgt vor allem in der Altenpflege und im Bereich der Psychiatrie. Die ärztliche Anordnung einer Bedarfsmedikation gibt Ihnen einen Handlungsspielraum, wann notwendige Medikamente verabreicht werden können. Bei der Bedarfsmedikation können Sie das Vier-Augen-Prinzip in der Regel nicht nutzen. In diesen Fällen sollten Sie immer sorgfältig prüfen, ob die Bedarfsgabe tatsächlich angemessen ist.

Voraussetzung für die Gabe eines Medikamentes „nach Bedarf" ist, dass der Arzt genau angegeben hat, bei welchem konkreten Symptom wie viel eines Medikamentes verabreicht werden soll. Gleichzeitig muss von ihm unbedingt auch die Höchstdosis, das heißt, wie viel von diesem Medikament innerhalb von 24 Stunden verabreicht werden darf, festgelegt worden sein. Darüber hinaus muss angegeben sein, ob nach einer Medikamentengabe eine Einnahmepause einzuhalten ist. Eine allgemeine Anordnung von Bedarfsmedikation, wie etwa „bei Bedarf eine Tablette XY", ist unverantwortlich und entspricht nicht den fachlichen Anforderungen an eine solche Verordnung.

3

Umgang mit Betäubungsmitteln

Als Pflegefachkraft werden Sie auch ein professionelles Schmerzmanagement durchführen und Umgang mit Betäubungsmitteln haben. Den schwerstkranken und sterbenden Menschen, die Sie pflegen, helfen herkömmliche Medikamente nicht immer. Mit Betäubungsmitteln wird dagegen eine gute Symptomlinderung erreicht. Es handelt sich aber auch um bewusstseins- und stimmungsverändernde Substanzen, die den Nutzer abhängig machen können. Deshalb ist der Umgang mit Betäubungsmitteln gesetzlich besonders geregelt.

Welche Wirkstoffe Betäubungsmittel sind und wie Sie damit umgehen müssen, ist im Betäubungsmittelgesetz (BtMG) geregelt. Die Betäubungsmittel-Verschreibungsverordnung (BtMVV) regelt, wie diese Wirkstoffe verschrieben, abgegeben und deren Verbleib nachgewiesen werden muss. Deshalb müssen Sie Betäubungsmittel nach strengen gesetzlichen Grundlagen aufbewahren, richten, verabreichen und auch vernichten. Nachfolgend erfahren Sie, welche Regelungen für Ihre Praxis am wichtigsten sind.

Korrekter Umgang mit Betäubungsmitteln

- Der Arzt muss das Betäubungsmittel auf einem speziellen Betäubungsmittelrezept in 3-facher Ausfertigung verschreiben.

- Sie dürfen ein Betäubungsmittel (BtM) nicht unbegründet, etwa auf Reserve beim Arzt anfordern. Zudem darf der Arzt innerhalb von 30 Tagen nur eine gesetzlich vorgeschriebene Höchstmenge verordnen. In begründeten Einzelfällen kann bei der Dauerbehandlung eines Patienten jedoch von den festgesetzten Höchstmengen und der Zahl der verschriebenen Betäubungsmittel abgewichen werden. Diese Abweichung muss der Arzt mit dem Buchstaben „A" auf dem BtM-Rezept kennzeichnen.

- Sie müssen das BtM-Rezept innerhalb von sieben Tagen nach der Ausstellung in der Apotheke einlösen, sonst verliert es seine Gültigkeit.

- In Notfallsituationen, etwa wenn der Arzt kein BtM-Rezept hat, die Verordnung aber keinen Aufschub duldet, darf der Arzt die benötigte Menge des BtM auch auf einem normalen Rezept verordnen. Er muss das Rezept dann aber auch als „Notfallverschreibung" kennzeichnen. Das reguläre BtM-Rezept, das er mit „N" markieren muss, muss er zudem schnellstmöglich nachreichen.

  Achtung: Das Notfallrezept ist nur 24 Stunden gültig.

- BtM sind Eigentum des Patienten. Sie werden daher auch grundsätzlich beim Patienten deponiert. Das Depot muss für Dritte unzugänglich und verschlossen sein. Im Pflegeheim ist es die Regel, dass der Arzt anordnet, dass die BtM von den Pflegekräften aufbewahrt und verwaltet werden sollen (Zentralverwaltung). Als Pflegefachkraft müssen Sie diese BtM dann aus haftungsrechtlichen Gründen besonders geschützt und verschlossen in einem Betäubungsmittelschrank aufbewahren.

- Nur Pflegefachkräfte dürfen BtM aus dem verschlossenen Schrank entnehmen und dem Bewohner verabreichen.

- BtM, die Sie aufbewahren und verwalten, dürfen Sie erst kurz vor der Verabreichung entnehmen. Zur Entnahme ist grundsätzlich nur eine entsprechend beauftragte Pflegefachkraft berechtigt.

- Jede Entnahme müssen Sie mit Datum, Handzeichen sowie dem Anfangs- und Restbestand auf einem BtM-Bogen mit einem dokumentenechten Stift festhalten (z. B. Kugelschreiber). Auch wenn Ihnen eine Ampulle zerbricht oder eine Tablette nicht mehr verwendet werden kann, weil sie Ihnen zum Beispiel heruntergefallen ist, müssen Sie dies als Entnahme dokumentieren. Die Dokumentation erfolgt immer patienten- bzw. bewohnerbezogen.

  Die Aufzeichnungen müssen drei Jahre, gerechnet von der letzten Eintragung an, aufbewahrt werden.

noch: Checkliste: Wichtige Vorschriften im Umgang mit Beäubungsmitteln

- Ist das BtM in einer nicht abgeteilten Zubereitung, müssen Sie bei festen Stoffen, z. B. Pulver das Gewicht (Gramm, Milligramm), bei flüssigen Stoffen die Menge (Milliliter) vor und nach der Entnahme dokumentieren.

- Die Restmenge des Medikaments in der Verpackung muss jederzeit exakt mit den Angaben auf dem Vordruck übereinstimmen.

- Nicht mehr benötigte BtM dürfen Sie nicht auf Reserve aufbewahren! Sie dürfen diese Medikamente auch nicht den Angehörigen übergeben, wenn der Patient/Bewohner beispielsweise gestorben ist.

- Restmengen geben Sie in der Apotheke ab. Der Apotheker wird die präzise Menge und das Abgabedatum dokumentieren und den Erhalt mit seiner Unterschrift bestätigen. Den Nachweis der Rückgabe müssen Sie ebenfalls drei Jahre aufbewahren.

3

Praxis-Tipp:

Einen Vordruck für die Dokumentation der BtM-Verwaltung erhalten Sie auf der Internetseite der Bundesopiumstelle.

Stationäre Einrichtungen dürfen Betäubungsmittel weiterverwenden

Werden die BtM von Ihrem Patienten bzw. Bewohner nicht mehr benötigt oder stirbt er, dürfen Sie diese Medikamente nicht an andere Patienten/Bewohner weitergeben. Allerdings gibt es eine Ausnahme: Der Arzt kann unter bestimmten Voraussetzungen das BtM für einen anderen Patienten/Bewohner erneut verschreiben. Dazu müssen die nachfolgenden Voraussetzungen erfüllt sein:

- Der Arzt hat bereits bei der Erstverordnung bestimmt, dass die Medikamente nicht dem Patienten ausgehändigt werden. Das BtM muss in diesem Fall sachgerecht unter der Verantwortung des verordnenden Arztes gelagert worden sein und darf von dem Patienten aus der Erstverordnung nicht mehr benötigt werden.

- Gibt es in der Einrichtung keinen Patienten/Bewohner, der das Betäubungsmittel aktuell benötigt, kann das BtM, statt es zu vernichten, an eine versorgende Apotheke zurückgegeben werden, um es in einer anderen Einrichtung einzusetzen. Unverbrauchte BtM müssen nicht zwangsläufig vernichtet werden, sollte ein Patient sie nicht mehr benötigen.

- Diese Regelung gilt nur für Patienten, denen ein eigenverantwortlicher Umgang mit ärztlichen BtM-Verschreibungen nicht mehr zugemutet werden kann, wie etwa Demenzerkrankte. Alle vom Arzt ausgestellten BtM-Verschreibungen, die er direkt an Patienten aushändigt, sind deshalb von dieser Änderungsregelung ausgeschlossen.

So ist die Rückgabe von Betäubungsmitteln geregelt

Wenn der Arzt das Mittel nicht erneut verschreiben kann, weil er zum Beispiel keinen für das BtM geeigneten Patienten/Bewohner hat, sollte es unverzüglich an die Apotheke zurückgegeben werden. Dazu gehen Sie wie folgt vor:

- Der Arzt fordert Sie auf, das nicht mehr benötigte BtM an die beliefernde Apotheke zurückzugeben. Dafür schreiben Sie ein Übergabeprotokoll an die Apotheke. Den Abgang dokumentiert der Arzt auf dem amtlichen Formblatt (des letzten Patienten) und bestätigt die Abgabeanordnung durch seine Unterschrift.

- Der Apotheker überprüft die Qualität des BtM und nimmt es in seinen Bestand auf. Er gibt es auf erneute Verschreibung eines (anderen) Arztes für einen Patienten in einer Einrichtung wieder ab.

Ärztliche Anordnungen in der Behandlungspflege

Zu Ihren Aufgaben als Pflegefachkraft gehört es ebenfalls, Maßnahmen der Behandlungspflege durchzuführen, wie beispielsweise Kontrollen des Blutzuckerwertes oder die Wundversorgung. Für behandlungspflegerische Maßnahmen gilt, dass Sie diese nicht ohne ärztliche Anordnung durchführen dürfen. Sie unterliegen grundsätzlich der ärztlichen Delegation.

Die Behandlungspflege wird somit immer vom behandelnden Arzt schriftlich an die Pflegefachkraft delegiert bzw. angeordnet; sie muss eindeutig dokumentiert sein. Eindeutig dokumentiert ist die Behandlungspflege dann, wenn schriftlich festgelegt wurde,

- was,

- wann,

- wie,

- wie oft

durchgeführt werden soll.

Betreuungsrecht

4

Wenn Patienten eine gesetzliche Betreuung brauchen

Wenn Ihr Patient oder Bewohner durch eine Krankheit und/oder eine Behinderung wie etwa einer Demenz oder Aphasie nicht mehr in der Lage ist, seine Angelegenheiten selbstständig zu regeln, kann eine gesetzliche Betreuung nach § 1896 BGB erforderlich sein. Für Sie als Pflegefachkraft stellt sich die Frage nach einem Bevollmächtigten oder gesetzlichen Betreuer immer dann, wenn der Patient bzw. Bewohner nicht mehr wirksam in Behandlungsmaßnahmen einwilligen kann.

Beispiel:

Ein Patient kann aufgrund seiner dementiellen Erkrankung die Auswirkungen seiner Ablehnung einer Behandlung nicht mehr richtig einschätzen. Sie und die behandelnden Ärzte benötigen dann einen Ansprechpartner, der bevollmächtigt ist, entsprechende Entscheidungen für den Betroffenen zu treffen.

Eine gesetzliche Betreuung kommt immer dann in Betracht, wenn Personen für den Fall, dass sie selbst keine Entscheidungen mehr treffen können, keine Vorsorge getroffen haben.

In Deutschland gilt grundsätzlich, dass ein volljähriger Erwachsener alle seine Gesundheit, sein Leben und Vermögen betreffenden Entscheidungen selbst treffen kann. Doch wenn ein Volljähriger seine Angelegenheiten wegen einer Krankheit oder einer körperlichen, geistigen oder seelischen Behinderung ganz oder teilweise nicht selbst besorgen kann, kann eine Betreuung eingerichtet werden (§ 1896 BGB). Dazu müssen allerdings gesetzliche Voraussetzungen erfüllt sein.

Eine gesetzliche Betreuung ist beispielsweise nicht erforderlich, wenn der Betroffene zu gesunden Zeiten etwa mit einer Vorsorgevollmacht einen Vertreter bestimmt hat. Wenn die in der Vorsorgevollmacht getroffenen Bestimmungen in der individuellen Situation nicht ausreichen, kann vom Betreuungsgericht für den nicht geregelten Bereich auch trotz der Vorsorgevollmacht ein gesetzlicher Betreuer eingesetzt werden. Gegen den Willen des Betroffenen kann keine Betreuung eingerichtet werden, wenn der Betroffene zum Zeitpunkt seiner Willenserklärung geschäftsfähig ist.

Die Notwendigkeit bzw. Anordnung einer gesetzlichen Betreuung durch das Betreuungsgericht führt nicht zwangsläufig zur Geschäfts-

4

unfähigkeit des Betroffenen. Die Geschäftsfähigkeit des Betroffenen kann nur ein Psychiater im Rahmen eines Gutachtens feststellen.

Geschäftsfähigkeit

- Eine erwachsene Person ist grundsätzlich geschäftsfähig und kann Rechtsgeschäfte entweder selbst oder durch einen Vertreter wirksam vornehmen. Geschäftsfähigkeit setzt voraus, dass der Handelnde die Konsequenzen seines Handelns adäquat einschätzen kann.

- Die Willenserklärung einer geschäftsunfähigen Person ist dagegen nichtig. Das heißt, eine geschäftsunfähige Person kann nur durch ihren gesetzlichen Betreuer oder Bevollmächtigten rechtswirksame Willenserklärungen abgeben oder wirksam Rechtsgeschäfte abschließen.

- Die für Sie wichtigen Regelungen zur Geschäftsfähigkeit finden Sie in den §§ 104 bis 111 BGB.

4

Wie es zu einer gesetzlichen Betreuung kommt

Ob jemand eine gesetzliche Betreuung erhält, wird vom Betreuungsgericht entschieden. Die Bestellung eines Betreuers kann vom Betroffenen selbst beantragt oder vom zuständigen Betreuungsgericht von Amts wegen vorgenommen werden. Die gesetzliche Betreuung kann auch von Angehörigen, Nachbarn, Pflegekräften oder einem behandelnden Arzt der betroffenen Person beim Betreuungsgericht angeregt werden. Das Betreuungsgericht gehört zum jeweils zuständigen Amtsgericht.

Wenn die Anregung einer Betreuung bei Gericht eingegangen ist, wird der Betroffene zunächst durch das Betreuungsgericht von der Eröffnung des Verfahrens unterrichtet. Der zuständige Richter beauftragt parallel die Betreuungsbehörde einen Sozialbericht über den Betroffenen zu erstellen. Im Rahmen der Ermittlungen zu diesem Sozialbericht soll festgestellt werden, ob eine gesetzliche Betreuung tatsächlich erforderlich ist. In manchen Fällen wird den Betroffenen auch ein Verfahrenspfleger zu Seite gestellt.

In der Regel erhalten auch die Familienangehörigen des Betroffenen im Verlauf des Verfahrens Gelegenheit, sich zu äußern. Zumeist wird die Betreuungsbedürftigkeit auch durch einen Sachverständigen, das ist ein Psychiater oder Neurologe, geprüft.

In Eilverfahren bestellt das Gericht zumeist einen Verfahrenspfleger, der die notwendigen Ermittlungen anstellt und die Rechte des Betroffenen in dem Betreuungsverfahren wahren soll.

Vor der Bestellung eines Betreuers muss das Gericht den Betroffenen immer persönlich anhören. Das heißt, der Betreuungsrichter verschafft sich durch die persönliche Anhörung einen eigenen Eindruck über den Betroffenen und seine Sicht der aktuellen Situation. Während der Anhörung wird der Betroffene vom Gericht über die Entscheidung informiert.

Muster: Betreuungsanregung

An das Amtsgericht Musterstadt   Absender
Betreuungsgericht

                                      Datum

Anregung einer gesetzlichen Betreuung für Frau Gabriele Kaut, geb. 20.12.1938, wohnhaft: Musterweg 12, 00000 Musterstadt

Sehr geehrte Damen und Herren,

unsere o. g. Patientin bzw. Bewohnerin kann ihre persönlichen Angelegenheiten wegen ihrer Erkrankung nicht mehr selbst regeln. Ich rege/wir regen daher die Einrichtung einer gesetzlichen Betreuung an.

Ein entsprechendes Attest des Hausarztes habe ich/haben wir diesem Schreiben als Original beigefügt (oder: kann von mir/uns leider nicht beigebracht werden).

Mir/uns ist niemand bekannt, der die gesetzliche Betreuung übernehmen könnte.

Als Betreuer schlagen wir Herrn/Frau _____ vor.

Für Rückfragen stehe ich/stehen wir Ihnen selbstverständlich gerne zur Verfügung.

Freundliche Grüße

Name

Funktion des Anregenden

4

So wird der Betreuer bestimmt

Wer zum Betreuer für den Betroffenen bestellt wird, bestimmt der Richter. Allerdings kann der Betroffene sich seinen Betreuer grundsätzlich aussuchen. Der Wille des Betroffenen hat für das Gericht oberste Priorität (§ 1897 Abs. 4 BGB). Ausnahme: der Wille des Betroffenen würde ihm selbst Schaden zufügen oder der vorgeschlagene Betreuer ist aus anderen, nachweislichen Gründen nicht geeignet. Als Betreuer kommt jeder infrage, der dem Betroffenen zusagt. Das kann ein Verwandter, ein Freund oder ein Nachbar sein. Wichtig ist, dass es sich um eine Vertrauensperson handelt. Aber auch ein Berufsbetreuer oder ein ehrenamtlicher Betreuer kommen für die Aufgabe infrage. Berufsbetreuer arbeiten freiberuflich oder sind bei einem Betreuungsverein angestellt.

Wenn der Betroffene selbst keinen Betreuer bestimmen kann oder verfügt hat, wird dem Richter eine geeignete Person zumeist von der Betreuungsbehörde oder dem Verfahrenspfleger vorgeschlagen.

4

Kosten der Betreuung

Die Kosten der Betreuung sind von mehreren Faktoren abhängig:

- wer die Betreuung führt, also ein Angehöriger, Ehrenamtlicher oder ein Vereins- oder Berufsbetreuer und dessen Ausbildung
- die Vermögenssituation des Betroffenen
- die Wohnsituation des Betroffenen

Auslagenersatz und Betreuervergütung

Der ehrenamtliche Betreuer hat Anspruch auf Ersatz seiner Aufwendungen. Diese werden, wenn der Betreute über entsprechendes Einkommen oder Vermögen verfügt, vom Betreuten selbst bezahlt. Dem Betreuten steht bei der Vergütung des Betreuers ein Vermögensfreibetrag von 2.600 Euro zu. Dieser Betrag muss nicht für die Betreuervergütung oder den Aufwendungsersatz des ehrenamtlichen Betreuers eingesetzt werden.

Reicht das Einkommen und Vermögen des Betreuten nicht aus, kommt die Staatskasse dafür auf. Der Anspruch auf Aufwendungsersatz des ehrenamtlichen Betreuers entsteht jährlich und beträgt derzeit 399 Euro. Die Pauschale wird nur nachträglich gewährt, also erstmals 365 Tage, nachdem die Betreuung begonnen wurde.

Die Aufwandsentschädigung wird nur auf Antrag des ehrenamtlichen Betreuers gewährt. So ein Antrag auf Gewährung der Aufwandspauschale kann beispielsweise wie das folgende Muster aussehen.

Muster: Antrag auf Zahlung der Aufwandspauschale nach § 1835a BGB

Amtsgericht Musterstadt   Absender
Betreuungsgericht
Musterstraße 11
12345 Musterstadt

                                    Datum

Betr.: Geschäftszeichen, Name, Vorname, Geburtsdatum des Betreuten

Sehr geehrte Damen und Herren,

hiermit beantrage ich für den Zeitraum vom _____ bis _____ (ein Jahr) zum Ausgleich meiner Aufwendungen die Aufwandspauschale gemäß § 1835a BGB in Höhe von 399 Euro.

Ich bitte um Entschädigung aus der Staatskasse, da der Betreute selbst nicht über ausreichendes Vermögen verfügt.

Ich bitte um Überweisung der Aufwendungspauschale auf mein
Konto: _____

(**Alternativ bei Vermögenden:** Ich bitte um Erteilung eines Festsetzungsbeschlusses, um den Betrag von 399 Euro aus dem Vermögen des Betreuten entnehmen zu dürfen.)

Freundliche Grüße

Betreuer

Der Anspruch auf die Aufwandspauschale für ehrenamtliche Betreuer ist an Fristen gebunden. Wenn die Pauschale nicht innerhalb von drei Monaten, nachdem der Anspruch entstanden ist, beantragt wird, erlischt er.

Alternativ zur Aufwandspauschale kann der ehrenamtliche Betreuer auch seine Auslagen, die er mit Belegen, wie Quittungen und Rechnungen nachweisen muss, erstattet bekommen.

Der beruflich tätige Betreuer hat Anspruch auf eine Vergütung. Die Vergütung und der Auslagenersatz des Berufsbetreuers werden pauschal gezahlt und sind in drei Stufen gestaffelt:

- Die Grundvergütung des Berufsbetreuers beträgt 27 Euro pro Stunde

- Hat der Betreuer eine abgeschlossene Lehre oder vergleichbare Ausbildung, die für die Betreuung nützlich sind, erhält er einen pauschalen Stundensatz von 33 Euro

- Verfügt der Betreuer über ein abgeschlossenes Studium an einer Hochschule, das für die Betreuung nützlich ist, erhöht sich der pauschale Stundensatz auf 44 Euro

Neben den Stundensätzen für Berufsbetreuer ist gesetzlich geregelt, wie viele Stunden der Berufsbetreuer für den jeweiligen Betreuungsfall pauschal vergütet bekommt. Dabei richtet sich die Anzahl der Stunden nach der Betreuungsdauer und der Lebenssituation des Betreuten. Die Vergütung wird als Pauschale gezahlt.

4

Bei der Anzahl der zu vergütenden Stunden spielt es zudem eine Rolle, ob der Betreute vermögend oder mittellos ist und ob er in seiner eigenen Wohnung oder in einer vollstationären Einrichtung lebt.

Genaue Einzelheiten zur gestaffelten Vergütung von Berufsbetreuern finden Sie im Vormünder- und Betreuervergütungsgesetz (VBVG).

Es können auch Gerichtskosten entstehen. Für das Führen der Betreuung werden vom Gericht allerdings nur dann Kosten erhoben, wenn der Betreute nach Abzug seiner Verbindlichkeiten über ein Vermögen von mehr als 25.000 Euro verfügt. Die Gerichtskosten sind ebenfalls gestaffelt und richten sich nach der Höhe des Vermögens. Sie sind im Gerichts- und Notarkostengesetz (GNotKG) geregelt.

Kontrolle des Betreuers

Unabhängig davon, ob ein Betreuer die Betreuung ehrenamtlich oder beruflich führt, wird der gesetzliche Betreuer durch das Betreuungsgericht kontrolliert. Dabei beschränkt sich die Kontrolle auf die Aufgabenbereiche, die dem Betreuer vom Richter zugewiesen wurden. Die Überwachung der Ausführung von Aufgaben im Rahmen der Aufgabenbereiche wird von Rechtspflegern durchgeführt. Liegt zum Beispiel der Aufgabenbereich „Vermögenssorge" vor, muss der Betreuer dem zuständigen Rechtspfleger zu Beginn der Betreuung ein Vermögensverzeichnis vorlegen.

Für bestimmte Handlungen, etwa freiheitseinschränkende Maßnahmen, die Wohnungskündigung oder den Verkauf einer Immobilie, muss der Betreuer vorher bei Gericht eine Genehmigung beantragen. Erst mit der betreuungsgerichtlichen Genehmigung wird ein genehmigungspflichtiges Rechtsgeschäft wirksam.

Beispiel:

Ein Betreuer verkauft die Eigentumswohnung seines Betreuten, ohne die erforderliche gerichtliche Genehmigung. Der Sohn des Betreuten erfährt erst nach Abwicklung der Formalitäten vom Verkauf der Wohnung und beschwert sich beim Betreuungsgericht. Da für den Immobilienverkauf keine Genehmigung des Gerichtes vorliegt, ist der Verkauf nicht rechtswirksam. Das Geschäft muss im schlimmsten Fall rückabgewickelt werden. Für dadurch entstandene Schäden, etwa beim Käufer, haftet der Betreuer. Er hat eine grob fahrlässige Pflichtverletzung begangen.

4

Dauer der gesetzlichen Betreuung

Eine gesetzliche Betreuung ist an eine Höchstdauer gebunden. Die Dauer einer Betreuung darf vom Richter auf maximal sieben Jahre festgelegt werden. Nach dieser Zeit muss das Betreuungsgericht von Amts wegen prüfen, ob die Voraussetzungen für eine Betreuung weiterhin bestehen.

Auch während der laufenden Betreuung kann diese aufgehoben werden, etwa weil die Gründe für die Betreuung weggefallen sind. Das kann der Fall sein, wenn eine Krankheit sich so gebessert hat, dass der Betroffene sich wieder selbst um seine Angelegenheiten kümmern kann (§ 1908d BGB).

Die Aufhebung der Betreuung kann der eingesetzte Betreuer oder der Betreute selbst beantragen. Dazu wird ein ärztliches Attest benötigt, aus dem hervorgeht, dass die Betreuung nicht mehr erforderlich ist.

Gesetzliche Betreuung ist keine Entmündigung

Oftmals halten Betroffene oder ihre Angehörigen eine gesetzliche Betreuung für unnötig. Nicht selten wird die gesetzliche Betreuung auch aus Unkenntnis abgelehnt, weil die Betroffenen fürchten, dass sie einer Entmündigung gleich kommt. Dabei ist die frühere Entmündigung und Vormundschaft bereits mit Beginn des Jahres 1992 vom Gesetzgeber abgeschafft und durch die „gesetzliche Betreuung" ersetzt worden.

Die gesetzliche Betreuung schränkt das Selbstbestimmungsrecht des Betroffenen nicht ein. Die Aufgaben des Betreuers liegen ausschließlich in der rechtlichen Vertretung. Diese Vertretung muss in Abstimmung mit dem Betroffenen erfolgen. Zudem darf ein Betreuer nur für die Aufgaben bestellt werden, in denen der Betroffene selbst nicht mehr handeln kann. Der Betreuer soll den Betreuten in seinen Angelegenheiten, die er nicht mehr eigenständig besorgen kann, persönlich unterstützen. Er muss die Wünsche des Betreuten beachten und nach Möglichkeit auch umsetzen. Dabei gehen die Wünsche des Betreuten den Auffassungen und Wünschen des Betreuers grundsätzlich vor. Der Betreuer ist verpflichtet, nur zum Wohle des Betreuten zu handeln.

4

Ein Mensch, der unter einer gesetzlichen Betreuung steht, hat trotzdem ein Recht auf einen abweichenden Lebensstil und auch auf Verwirrtheit. Der Betreuer ist nur dann berechtigt oder verpflichtet einzugreifen, wenn der Betreute durch sein Verhalten sich oder andere gefährdet.

Aufgaben und Pflichten des Betreuers

Steht eine betreuungsbedürftige Person unter gesetzlicher Betreuung, wird vielfach erwartet, dass der Betreuer sozusagen das „Leben dieser Person in die Hand nimmt". Er soll möglichst alles, was die Menschen im Umfeld an diesem Menschen stört, „beseitigen". Allerdings ist es nicht die Aufgabe des Betreuers, seinen Betreuten und dessen Eigenheiten zu verändern.

Das Betreuungsgericht darf nur für die Aufgabenkreise eine Betreuung anordnen, in denen der Betroffene tatsächlich Hilfe benötigt. Alles, was der Betroffene selbstständig erledigen kann, darf nicht von einem gerichtlich bestellten Betreuer übernommen werden.

Die einzelnen Aufgabenkreise sind vielfältig und werden vom jeweiligen Richter an die Notwendigkeiten des Einzelfalles angepasst. So gibt es beispielsweise die Aufgabenkreise:

- Aufenthaltsbestimmungsrecht
- Wohnungsangelegenheiten
- Gesundheitsfürsorge

- Vermögenssorge
- Vertretung gegenüber Leistungsträgern und Behörden
- Post- und Telefonkontrolle

Betreuer haben, nachdem sie vom Betreuungsgericht bestellt worden sind, die Aufgabe, ihre Betreuten in den ihnen übertragenen Aufgabenkreisen umfassend zu vertreten. Hat ein Betreuer beispielsweise den Aufgabenkreis Gesundheitsfürsorge, so ist er verpflichtet, mit dem Betreuten und für ihn abzuwägen, ob eine Behandlung sinnvoll ist und durchgeführt werden soll. Der Betreuer willigt dann in Behandlungen ein oder lehnt diese gegebenenfalls ab, wenn das den Wünschen des Betreuten entspricht.

Er muss auch den Schriftverkehr mit der zuständigen Kranken- oder Pflegekasse führen, etwa um einen Widerspruch gegen eine Entscheidung einzulegen.

4

Im Rahmen der Vermögenssorge kümmert sich der Betreuer darum, dass die Rechnungen des Betreuten pünktlich bezahlt werden und die Ansprüche, etwa gegenüber dem Sozialamt, durchgesetzt werden. Dabei ist der Betreuer in diesem Aufgabenbereich der rechtliche Vertreter des Betroffenen.

Der Betreuer muss zu seinem Betreuten einen persönlichen Kontakt halten. Denn der Betroffene soll sein Leben trotz gesetzlicher Betreuung so weit wie möglich nach seinen eigenen Wünschen gestalten können. Um das begleiten zu können, darf der Betreuer sich nicht auf die Erledigung des anfallenden Schriftverkehrs beschränken. Er muss mit seinem Betreuten – wenn dieser dazu in der Lage ist – abstimmen, welche Schritte er für ihn einleiten möchte oder soll. Es gibt keine Vorgaben, in welchem Rhythmus der persönliche Kontakt zwischen Betreuer und Betreutem stattfinden muss. Je nach Betreuungsgericht liegt der zeitliche Abstand der Kontakte bei vier bis sechs Wochen.

Der Gesetzgeber legt sehr großen Wert darauf, dass eine Betreuung im Sinne des Betreuten geführt wird. Deshalb darf sich ein gesetzlicher Betreuer nicht einfach über die Wünsche des Betreuten hinwegsetzen. Es sind dann nachvollziehbare Gründe erforderlich, die dem Wohl des Betreuten dienen müssen.

Geschäfte, zu denen der Betreuer die Zustimmmung des Gerichts braucht

Wenn es darum geht, für den Betreuten Rechtsgeschäfte wie etwa die Wohnungskündigung wegen Umzug zu treffen, muss der Betreuer beim zuständigen Rechtspfleger eine Genehmigung einholen. Diese

Genehmigungspflicht besteht vor allem in den Fällen, die für den Betreuten schwerwiegende Folgen haben. Zu diesen genehmigungspflichtigen Angelegenheiten zählen zum Beispiel:

■ Operationen mit möglicherweise schwerwiegenden gesundheitlichen Folgen (z. B. Amputation)

■ die geschlossene Unterbringung und/oder länger andauernder und regelmäßiger Freiheitsentzug (z. B. in einer psychiatrischen Klinik oder in einem geschützten Pflegeheim oder die Bettseitensicherung)

■ die Kündigung eines Mietverhältnisses (z. B. wegen Umzug ins Pflegeheim)

■ das Auflösen von Geldanlagen sowie Abhebungen von Sparkonten

4

Stellt der Betreuer bei Gericht einen entsprechenden Antrag, führt der Rechtspfleger eine Anhörung beim Betroffenen durch. Das heißt, der Rechtspfleger sucht den Betreuten auf und bespricht mit ihm die Angelegenheit. Stimmt der Betreute in dieser Anhörung wirksam zu, erteilt der Rechtspfleger dem Betreuer die Genehmigung zu diesem Rechtsgeschäft.

Kann der Betreute zu der Angelegenheit nicht vom Rechtspfleger befragt werden, etwa wegen einer fortgeschrittenen Demenzerkrankung, bestellt der Rechtspfleger einen Verfahrenspfleger für diese Angelegenheit. Der Verfahrenspfleger muss dann in dem Antragsverfahren die Interessen des Betreuten vertreten. Dazu stellt er eigene Ermittlungen an und macht sich ein Bild vom Sachverhalt. Ziel des Verfahrenspflegers muss immer sein, eine Entscheidung herbeizuführen, die im Sinne des Betroffenen ist. Kann der Betreute seine Situation nicht mehr adäquat einschätzen, muss der Verfahrenspfleger ermitteln, welche Entscheidung zum Wohle des Betroffenen ist.

Die Informationen, die der Verfahrenspfleger sammelt, fasst er in einer schriftlichen Stellungnahme zusammen. Diese Stellungnahme enthält in der Regel auch eine Empfehlung des Verfahrenspflegers, wie im Sinne des Betreuten entschieden werden sollte. Die Stellungnahme lässt der Verfahrenspfleger dem Rechtspfleger zukommen. Der Rechtspfleger erlässt dann einen entsprechenden gerichtlichen Beschluss, auf dessen Grundlage der Betreuer dann handeln kann.

Beschwerderecht der betreuten Person

Nicht immer funktioniert die Beziehung zwischen einem ehrenamtlich oder beruflich tätigen Betreuer und dem Betreutem gut. Im Betreuungsrecht soll dem Willen des Betreuten möglichst viel Geltung verschafft werden. Deshalb besteht für die betreute Person die Möglichkeit, sich beim Betreuungsgericht über den Betreuer zu beschweren.

Eine solche Beschwerde wird zumeist vom zuständigen Rechtspfleger geprüft. Hierzu wird zunächst der Betreuer um eine Stellungnahme zur Beschwerde gebeten. Reicht dies zur Klärung des Sachverhaltes nicht aus, kann eine Anhörung erfolgen und/oder zur Klärung ein Verfahrenspfleger eingesetzt werden. Der Betreute wird über die gewonnenen Erkenntnisse schriftlich informiert.

4

Auf Antrag des Betreuten kann das Betreuungsgericht den aktuellen Betreuer entlassen, wenn der Betreute eine ebenso geeignete Person vorschlägt, die auch bereit ist, die Betreuung zu übernehmen (§ 1908b BGB). Der Vorschlag des Betreuten ist für das Gericht jedoch nicht zwingend. Hier hat der Betreuungsrichter ein sogenanntes Ermessen.

Der Betreuer selbst kann auch um Entlassung aus dem Betreueramt bitten, wenn ihm die Betreuung aufgrund neu eingetretener Umstände nicht mehr zugemutet werden kann (§ 1908b BGB). Es können dabei vom Gericht alle Gründe berücksichtigt werden, die der Betreuer anführt, wie etwa familiäre, berufliche oder persönliche Umstände. Eine Unzumutbarkeit, die Betreuung weiter zu führen, kann besipielsweise darin liegen, dass der Betreute den Betreuer belästigt, bedroht oder der Betreuer seine Tätigkeit aufgibt.

Bei der Prüfung, ob die Fortführung der Betreuung unzumutbar ist, wägt der Richter das Interesse des Betreuers gegen das Interesse des Betreuten ab.

Angehörige des Betreuten haben kein Beschwerderecht, die Entlassung eines Betreuers zu fordern. Das Betreuungsgericht ist allein dem Betreuten und dessen Interessen verpflichtet.

Worauf Sie als Pflegekraft achten sollten

Informieren Sie sich anhand des Betreuungsbeschlusses, welche Aufgaben der Betreuer hat. Am besten heften Sie eine Kopie der Bestellungsurkunde in der Patientenakte bzw. Pflegedokumentation ab.

Wann eine Betreuungsverfügung sinnvoll ist

Nicht jeder Mensch möchte eine Vorsorgevollmacht erstellen. Manche haben Angst davor, jemandem nahezu unkontrolliert zu erlauben, seine Geschicke zu leiten. Aber auch wenn jemand keine Vorsorgevollmacht erstellen möchte, kann er für den Fall, dass er krankheitsbedingt nicht mehr selbst entscheiden kann, vorsorgen.

Die Betreuungsverfügung ist dann eine hilfreiche Form der Vorsorge. Mit dieser Verfügung entscheidet der Verfügende, wer im Falle, dass er seine Angelegenheiten selbst nicht mehr regeln kann, vom Betreuungsgericht zum gesetzlichen Betreuer bestellt werden soll. Das Betreuungsgericht ist an eine solche Verfügung gebunden.

Wie eine solche Verfügung aussehen kann, sehen Sie anhand des nachfolgenden Musters:

4

Muster: Betreuungsverfügung

Wenn ich, *Name, Vorname,* geb. _____ nicht in der Lage sein sollte, meine Angelegenheiten selbst zu regeln und eine Betreuung nach dem Betreuungsgesetz notwendig werden sollte, wünsche ich, dass *Name, Vorname* geb. _____, wohnhaft *Adresse,* Tel. priv.: 0000 – 3 42 32, berufl.: 0000 – 44 44 55, mit der Betreuung beauftragt wird.

Ich weise darauf hin, dass derjenige, der im Besitz dieser Verfügung ist, diese beim zuständigen Betreuungsgericht (Notariat) vorzulegen hat, wenn er von der Einleitung eines Betreuungsverfahrens Kenntnis erlangt (§ 1901a BGB)!

Ort, Datum   Unterschrift

Ich, *Name, Vorname,* geb. _____, bin von der Betreuungsverfügung in Kenntnis gesetzt worden und erkläre mich bereit, die gesetzliche Betreuung für die/den oben Genannte/-n zu übernehmen.

Ort, Datum   Unterschrift

Hiermit wird bezeugt, dass die vorliegende Betreuungsverfügung von der/dem Verfügenden persönlich erstellt wurde. Zum Zeitpunkt der Erstellung der Verfügung war die/der Verfügende im Vollbesitz ihrer/seiner geistigen Kräfte und voll geschäftsfähig.

Name, Geburtsdatum, Adresse der/des Zeugen/-in: _____

Ort, Datum   Unterschrift

Wichtig: Es ist nicht zwingend erforderlich, dass die Betreuungsverfügung vom Hausarzt oder demjenigen, der die Betreuung übernehmen soll, unterschrieben wird. Die Verfügung gilt grundsätzlich auch ohne diese Unterschriften. Die Bestätigung des Arztes, dass der Verfügende zum Zeitpunkt der Verfügung geschäftsfähig war, ist aber vor allem in Streitfällen hilfreich.

Vorteile einer Betreuungsverfügung

- Eine Betreuungsverfügung kann – im Gegensatz zur (General-)Vollmacht – nicht missbraucht werden. Es ist immer die Bestellung der vorgegebenen Person zum gesetzlichen Betreuer durch das Betreuungsgericht erforderlich. Nur dann kann die in der Betreuungsverfügung benannte Person tatsächlich für den Betroffenen handeln.

- Das Betreuungsgericht prüft immer und unabhängig, ob tatsächlich eine gesetzliche Betreuung erforderlich ist.

- Ist eine gesetzliche Betreuung erforderlich, ist das Betreuungsgericht an die Betreuungsverfügung gebunden und muss den „Wunschbetreuer" des Betroffenen einsetzen. Sprechen Gründe gegen die Bestellung dieser Person, kann das Betreuungsgericht einen anderen Betreuer einsetzen, etwa wenn die vom Betroffenen eingesetzte Person nicht in der Lage ist, die notwendigen Geschäfte zu erledigen, weil sie zwischenzeitlich selbst erkrankt ist.

- Das Betreuungsgericht überwacht den Betreuer bei der Erfüllung seiner Aufgaben, etwa wenn der Verkauf des Hauses ansteht oder Verfügungen über das Vermögen erfolgen müssen. Handlungen des Betreuers mit gravierenden Auswirkungen für den Betreuten sind genehmigungspflichtig.

Vorsorgevollmacht und Patientenverfügung

Mit einer Vorsorgevollmacht kann jeder geschäftsfähige Erwachsene eine gesetzliche Betreuung vermeiden. Denn ein automatisches Vertretungsrecht unter nahen Angehörigen ist gesetzlich nicht vorgesehen. Deshalb kann ein Erwachsener nur mit seiner schriftlichen Willenserklärung jemanden bestimmen, der dann rechtsverbindlich für ihn handeln darf. Erst eine Vollmacht ermöglicht einem Bevollmächtigten, im Auftrag einer anderen erwachsenen Person zu handeln.

Im Gegensatz zur Generalvollmacht, die ab dem Zeitpunkt der Abfassung gilt und eingesetzt werden kann, setzt die Vorsorgevollmacht erst ein, wenn der Aussteller selber nicht mehr entscheiden kann. Diese Handlungsunfähigkeit und damit das Einsetzen der Vorsorgevollmacht werden in der Regel von einem Arzt bestätigt.

Die Vorsorgevollmacht wird mit dem Ziel verfasst, die Bestellung eines gesetzlichen Betreuers durch das Betreuungsgericht zu verhindern. Denn nur wenige Menschen fühlen sich bei dem Gedanken wohl, wenn eine unvertraute Person die persönlichen Angelegenheiten regeln soll.

Wer kann eine Vorsorgevollmacht erteilen?

Jede Person, die das 18. Lebensjahr vollendet hat, kann Vollmachten erteilen. Grundlegende Voraussetzung für die Gültigkeit der Vollmacht ist, dass der Vollmachtgeber zum Zeitpunkt der Abfassung seiner Verfügung geschäftsfähig war. Ist diese Voraussetzung erfüllt, ermächtigt der Vollmachtgeber eine Person seines Vertrauens für den Fall, dass er nicht mehr selbst entscheiden kann, in seinem Namen zu handeln. Die Vollmacht kann sich zum Beispiel auf folgende Bereiche erstrecken:

- Vermögens- und Finanzangelegenheiten

- Behördenangelegenheiten

- Gesundheit

- Aufenthalt

- persönliche Angelegenheiten (z. B. Organisation der Pflege)

Wichtig: Es gibt keine gesetzliche Verpflichtung, eine Vorsorgevollmacht notariell beurkunden zu lassen. Erforderlich ist die Beurkundung jedoch, wenn der Bevollmächtigte zum Beispiel über Immobilien oder die Beteiligung an einer Firma verfügen können soll. Das kann dann besonders wichtig werden, wenn beispielsweise eine Immobilie behindertengerecht umgebaut werden und dafür eine Grundschuld zur Finanzierung erforderlich ist, einer der Eigentümer aber nicht mehr geschäftsfähig ist.

Da die Vorsorgevollmacht eine privatrechtliche Vereinbarung zwischen dem Betroffenen und seiner Vertrauensperson ist, ist keine Zustimmung oder Beurkundung der Vollmacht durch das Betreuungsgericht erforderlich.

Bei der Erstellung der Urkunde müssen beide Vertragspartner (Vollmachtgeber und Vollmachtnehmer) geschäftsfähig sein. Der Vollmachtgeber kann auch mehrere Bevollmächtigte benennen, etwa um verschiedene Tätigkeiten bzw. Bereiche aufzuteilen, etwa die Einwilligung in Behandlungsmaßnahmen an die Ehefrau, Vermögenssachen an die Tochter. In jedem Fall sollte eine Vorsorgevollmacht folgende Angaben enthalten:

- Name und Vorname sowie Geburtsdatum des Vollmachtgebers
- Name und Vorname sowie Geburtsdatum des Vollmachtnehmers
- Ausstellungsdatum

Mögliche Regelungen, die eine Vorsorgevollmacht enthalten kann, aber nicht muss, sind Vollmachten:

4

- zu den persönlichen Angelegenheiten, wie etwa Postempfang, Aufenthaltsbestimmung, Einwilligung oder Verweigerung von Heilbehandlungen, Untersuchungen und Operationen. Die Entbindung der behandelnden Ärzte von ihrer Schweigepflicht gegenüber der bevollmächtigten Person, damit der Bevollmächtigte auch das Recht zur Einsicht in Krankenunterlagen erhält.

- zu vermögensrechtlichen Angelegenheiten, wie etwa die Bezahlung von laufenden Kosten wie Miete, Telefon, die Sorge darum, dass die Konten des Vollmachtgebers über ausreichend Deckung verfügen. Der Vollmachtnehmer muss zur Deckung der Konten des Vollmachtgebers kein eigenes Geld einzahlen. Er muss aber dafür sorgen, dass Ansprüche wie etwa Pflegegeld oder Sozialhilfe rechtzeitig geltend gemacht werden.

- zur Erledigung von Angelegenheiten bei Behörden und Leistungsträgern, bspw. um Anträge auf Sozialhilfe, Pflegegeld oder Rentenzahlung stellen zu können.

- ob Untervollmachten erteilt werden dürfen und wenn ja, welche.

Praxis-Tipp:

Banken und Sparkassen fordern immer, dass Vollmachten auf deren eigenen Formularen erteilt werden oder notariell beglaubigt sind. Wird keine notarielle Vollmacht erstellt, sorgt eine gesonderte Bankvollmacht für eine problemlose Abwicklung von Bankgeschäften.

Vorsorgevollmacht am besten immer schriftlich

Grundsätzlich gibt es dafür, wie eine Vollmachterteilung aussehen muss, keine vorgeschriebene Form. Um im Fall des Falles handeln zu können, ist die Schriftform dennoch in vielen Fällen unerlässlich. Nur so kann der Vollmachtnehmer das Vorhandensein der Vollmacht nachweisen und die Wünsche des Vollmachtgebers durchsetzen.

Die Verfügung kann ruhig mit der Hand geschrieben und mit eigenen Worten formuliert werden. Es ist aber nicht, wie etwa beim Testament, zwingend erforderlich. Der Vollmachtgeber kann genauso gut ein Musterformular nutzen, das beispielsweise im Internet zum Herunterladen angeboten wird. Allerdings haben diese Formulare bzw. Muster einen erheblichen Nachteil: Durch das Ankreuzverfahren in Form von „ja" oder „nein" sind solche Muster wenig individuell und nicht fälschungssicher.

4

Praxis-Tipp:

Wird ein Formular mit Ankreuzverfahren verwendet, ist es wichtig, dass das Gewünschte angekreuzt und Unerwünschtes deutlich durchgestrichen wird.

Weisen Sie Ihren Patienten bzw. Bewohner darauf hin, wie wichtig es ist, genau festzulegen, wer was wie ausführen soll. Zudem sollte er auch regeln, ob der Bevollmächtigte Untervollmachten erteilen darf, etwa zur Beauftragung eines Pflegesachverständigen.

Praxis-Tipp:

Unabhängig davon, ob Sie Ihrem Patienten oder Bewohner zu einer frei formulierten Vollmacht oder einem Muster raten, können Sie ihm die nachfolgende Übersicht aushändigen. Mit ihr kann der Patient prüfen, ob er alle wichtigen Punkte in seiner Vorsorgevollmacht bedacht hat.

Diese Punkte sollte die Vorsorgevollmacht enthalten

- Name, Vorname und Geburtsdatum des Vollmachtgebers
- Name, Vorname und Geburtsdatum des oder der Bevollmächtigten (Die Bevollmächtigten sollten unbedingt Vertrauenspersonen sein)

noch: Diese Punkte sollte die Vorsorgevollmacht enthalten

- Regelungen bzgl. der persönlichen Angelegenheiten, wie z. B. wer den Aufenthalt bestimmt, bei Bedarf die Wohnung auflöst, mit den Ärzten die Behandlung bespricht und entscheidet

- Eindeutige Regelungen zu vermögensrechtlichen Angelegenheiten sowie Angaben dazu, wer sich um die finanziellen Angelegenheiten kümmern soll

- Benennung eines Ersatzbevollmächtigten, falls der Erstbevollmächtigte verhindert oder nicht mehr in der Lage ist, die ihm zugedachten Aufgaben auszuüben

- Eventuell Benennung eines Kontrollbevollmächtigten, der die Handlungen des Bevollmächtigten kontrollierend begleitet

- Regelungen, wer im Fall einer trotz Vollmacht notwendigen Betreuung als Betreuer eingesetzt werden soll

- Unterschrift des Vollmachtgebers und der bevollmächtigten Personen, dass sie bereit sind, diese Aufgabe zu übernehmen

Praxis-Tipp:

Wenn es ein Vordruck sein soll, kann der Vordruck des Bundesjustizministeriums genutzt werden. Dieser kann auf www.bmj.de in der Rubrik „Formulare" heruntergeladen und ausgedruckt werden. Es müssen dann nur noch die persönlichen Angaben ergänzt werden.

Die Einwilligungsfähigkeit und der mutmaßliche Wille

Jeden Tag arbeiten Sie mit Menschen, die aufgrund ihrer Erkrankung in ihren geistigen Fähigkeiten eingeschränkt sind. Menschen zu pflegen bedeutet unter anderem, in ihre körperliche Integrität einzugreifen oder manchmal ihre Handlungsfreiheit zu beschränken. Solche Tätigkeiten müssen von einer wirksamen Einwilligung des Patienten oder Bewohners abgedeckt sein, damit Sie sich als Pflegekraft nicht strafbar machen. Auch bei alltäglichen pflegerischen Maßnahmen benötigen Sie die Einwilligung des Patienten. Beispiele für diese Tätigkeiten, in die eingewilligt werden muss, sind Maßnahmen,

- der Behandlungspflege wie das Verabreichen von Arzneimitteln, Nahrungsgabe über Sonde bzw. PEG, Legen eines Katheters, Verbandwechsel

- die freiheitsentziehend und/oder freiheitsbeschränkend sind, wie etwa Bettseitensicherungen, Bauchgurt oder Vorstecktische

- der Grundpflege wie zum Beispiel Rasieren, Haareschneiden, Nägel schneiden, Waschen

Wenn Sie Ihrem Patienten bzw. Bewohner ohne dessen Einwilligung eine Spritze verabreichen, machen Sie sich wegen Körperverletzung strafbar. Bettseitensicherungen, die den Patienten bzw. Bewohner daran hindern das Bett zu verlassen, stellen eine Freiheitsberaubung dar und wer einen Patienten bzw. Bewohner zwingt, sich gegen seinen Willen waschen zu lassen, der ist der Nötigung schuldig. Nur Handlungen, die Sie im Einverständnis bzw. mit wirksamer Einwilligung des Patienten bzw. Bewohners oder dessen Vertreters machen, sind straflos. Anhand der nachfolgenden, alltäglichen Beispiele wird deutlich, wie wichtig es für Sie ist, darauf zu achten, ob

4

- 1. Ihr Patient bzw. Bewohner in der Lage ist, selbst über sich und seine Rechte zu bestimmen, oder

- 2. Ihr Patient bzw. Bewohner nicht mehr in der Lage ist, selbst zu bestimmen bzw. einzuwilligen.

Zu 1: Wann eine Person einwilligungsfähig ist

Eine erwachsene Person ist einwilligungsfähig, wenn sie die Art, Bedeutung und Tragweite, also auch Risiken eines Eingriffs erfassen kann. Das heißt, der Betroffene muss verstehen, welche Maßnahme an ihm durchgeführt wird und warum dies erfolgen soll. Er muss verstehen, ob Risiken für ihn bestehen und diese gegen den Nutzen abwägen können. Der Betroffene muss zudem wissen und verstehen, dass er sowohl die Möglichkeit hat, einzuwilligen als auch abzulehnen.

Bei der Beurteilung der Einwilligungsfähigkeit eines Patienten bzw. Bewohners können für Sie als Pflegekraft Probleme auftreten. Denn es gibt Patienten bzw. Bewohner, die phasenweise vollkommen klar und phasenweise verwirrt sind.

Als Pflegekraft können Sie davon ausgehen, dass gelegentliche Verwirrtheit die Einwilligungsfähigkeit nicht beeinträchtigt. Nehmen diese Zustände von Desorientierung und Verwirrung jedoch zu und überwiegen irgendwann, müssen Sie die Einwilligungsfähigkeit anzweifeln. In diesem Fall sollten Sie darüber nachdenken, eine gesetzliche Betreuung anzuregen. Wenn eine Vorsorgevollmacht vorliegt, können Sie den Bevollmächtigten zur Sicherheit zusätzlich in Behandlungs- und Pflegemaßnahmen einwilligen lassen.

Beispiel:

Ihr Patient bzw. Bewohner ist sturzgefährdet. Er ist nachts sehr unruhig. Sie befürchten, er könnte aus dem Bett fallen. Sie besprechen deshalb die Gefährdung mit ihm. Als Sicherung vor einem nächtlichen Sturz bieten Sie ihm an, die Bettseitensicherung hochzuziehen. Der Patient bzw. Bewohner lehnt dies ab. Sie dokumentieren das Gespräch ordnungsgemäß und unterlassen wunschgemäß das Anbringen der Seitensicherung. Die Dokumentation enthält seit zwei Wochen tägliche Eintragungen, dass der Patient bzw. Bewohner verwirrt ist. An einem der folgenden Tage stürzt der Patient bzw. Bewohner aus dem Bett und bricht sich das Bein. Die Angehörigen sind der Meinung, die Bettseitensicherung hätte oben sein müssen und machen Ihnen Vorwürfe.

4

Anhand dieses Falles ist Ihr Zwiespalt als Pflegekraft erkennbar: einerseits müssen Sie die Wünsche und den Willen des Patienten bzw. Bewohners respektieren, andererseits können Sie aber auch in die Haftung genommen werden, wenn Sie Ihrer Fürsorgepflicht nicht nachkommen. Sie hätten in dem Beispielfall das Betreuungsgericht anrufen müssen, um abzuklären, ob der Patient bzw. Bewohner noch in der Lage ist, in eine Maßnahme einzuwilligen oder diese abzulehnen.

Die Einwilligung eines Angehörigen einzuholen ist hier keine Lösung. Denn nur ein Angehöriger, der mit einer Vorsorgevollmacht ausgestattet ist, kann für den Patienten bzw. Bewohner eine Erklärung abgeben, wenn dieser selbst nicht dazu in der Lage ist. Allerdings besteht bei freiheitseinschränkenden Maßnahmen eine Besonderheit: Diese müssen in Einrichtungen immer vom Betreuungsgericht genehmigt werden – auch wenn ein Bevollmächtigter vorhanden ist.

Wichtiges Urteil: Vorsorgevollmacht reicht nicht für freiheitsentziehende Maßnahmen

Heimbewohner, die nicht mehr selbst entscheiden können, dürfen nicht ohne gerichtliche Genehmigung mit Bettgittern oder Gurten in ihrer Bewegungsfreiheit eingeschränkt werden. Dasselbe gilt für pflegebedürftige Menschen, die in einer Klinik regelmäßig fixiert werden. Die Zustimmung des Betreuers oder einer bevollmächtigten Person reicht nicht aus (BGH, Beschluss vom 27.06.2012, Az. XII ZB 24/12).

Im entschiedenen Fall hatte der Sohn einer 1922 geborenen Frau eingewilligt, Bettgitter am Bett seiner Mutter anzubringen und sie tagsüber mittels Beckengurt in ihrem Stuhl festzuschnallen, nachdem sie mehrfach gestürzt war und sich dabei einen Kieferbruch zugezogen hatte. Die Mutter hatte ihrem Sohn eine notarielle Vorsorgevollmacht erteilt, die auch Maßnahmen bei der Unterbringung im Heim umfasste. Die Zustimmung des Sohnes sei dennoch nicht ausreichend, es muss hier vielmehr das Betreuungsgericht angerufen werden.

Praxis-Tipp:

Lesen Sie eine Vorsorgevollmacht immer gut durch, damit Sie wissen, welche konkreten Angelegenheiten die Vollmacht umfasst. Eine Vorsorgevollmacht umfasst nicht automatisch alle regelungsbedürftigen Lebensbereiche.

4

Achten Sie, auch wenn eine Vollmacht vorliegt, darauf, dass der Patient bzw. Bewohner nicht von der Entscheidung ausgeschlossen wird. Solange er einwilligungsfähig ist, kann er selbst entscheiden.

Eine Behandlung gegen den Willen des Patienten bzw. Bewohners ist nicht möglich, es sei denn, es besteht die Gefahr einer erheblichen Eigen- oder Fremdgefährdung. Es ist ratsam, sich immer die Einwilligung des Patienten bzw. Bewohners einzuholen. Im Beispielfall hätte ein Bevollmächtigter oder gesetzlicher Betreuer für die Anwendung der Bettseitensicherung gegen den Willen des Betreuten eine Genehmigung des Betreuungsgerichts einholen müssen.

Zu 2: Wenn keine Einwilligungsfähigkeit mehr vorliegt

Wenn der Patient bzw. Bewohner eindeutig nicht mehr in der Lage ist, seinen Willen zu äußern bzw. rechtswirksam einzuwilligen, wird ihm ein Betreuer zur Seite gestellt. Ausnahme: Er hat zu gesunden Zeiten einen Bevollmächtigten benannt. Der Betreuer oder Bevollmächtigte gibt nun für den Patienten bzw. Bewohner die Einwilligungserklärung ab. Allerdings darf er den Willen des Patienten bzw. Bewohners nicht einfach durch seinen eigenen Willen ersetzen. Der Betreuer und auch der Bevollmächtigte sind gehalten, nach den Wünschen und dem Willen des Patienten bzw. Bewohners zu handeln, wenn das Wohl des Patienten bzw. Bewohners dem nicht entgegensteht. Ist der Wunsch des Patienten nicht bekannt, muss der mutmaßliche Wille des Patienten ermittelt werden. Denn es zählt das, was er gewollt hätte, wenn er selbst hätte entscheiden können.

Sicherlich fragen Sie sich jetzt, woher man denn wissen soll, was der Patient gewollt hätte.

Liegt eine Patientenverfügung vor, so gilt diese (§ 1901a BGB). In der Patientenverfügung ist der Wille des Verfügenden in Bezug auf seine Behandlung festgelegt. Dieser Wille gilt fort, wenn der Verfügende nicht mehr entscheiden kann. Alle am Behandlungs- und Versorgungsprozess Beteiligten sind an diese Verfügungen gebunden. Fehlt aber eine Patientenverfügung, muss der Arzt gegebenenfalls den mutmaßlichen Willen des Patienten erforschen. Dazu wird er folgendermaßen vorgehen:

4

- Er wird fragen, ob Schriftstücke oder Dokumente vorliegen, die Auskunft über den Willen des Patienten geben können, beispielsweise Briefe, Tagebucheintragungen oder Notizen.

- Die Angehörigen werden befragt, ob sie eine Erinnerung an Äußerungen des Patienten bzgl. seiner Behandlungswünsche haben. Eventuell kann auch aus der Lebensführung des Patienten ein Wille abgeleitet werden, etwa aufgrund religiöser Überzeugungen.

- Wenn der Arzt den Patienten schon länger behandelt, wird er auch darüber nachdenken, ob der Patient sich früher ihm gegenüber entsprechend geäußert hat. Eventuell hat der Arzt dies auch in seiner Patientenakte notiert.

- Der Arzt wird sich bei den Angehörigen und Pflegenden erkundigen, ob der Patient sich in früheren Zeiten über bestimmte Behandlungen geäußert hat, die er ablehnt oder begehrt. Eventuell haben Sie als Pflegekraft mit ihm darüber gesprochen und möglicherweise den Gesprächsinhalt dokumentiert.

- Führen alle diese Nachforschungen zu keinem Ergebnis, darf der Arzt eine Behandlungsentscheidung gemäß den allgemeinen Wertvorstellungen treffen. Zu bedenken ist dabei, dass die Gerichte den absoluten Vorrang des Lebens betonen. Das heißt, bei einer Entscheidung über Leben und Tod hat das Leben grundsätzlich Vorrang, wenn kein eindeutiger, anderslautender Wille festgestellt werden kann.

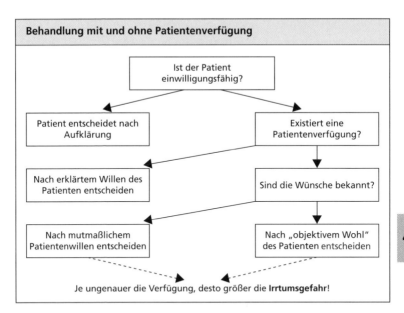

5 Bedingungen für eine wirksame Einwilligung in eine Behandlung

- Wenn Sie befürchten, dass ein Patient nicht mehr in der Lage ist, selbst Entscheidungen bezüglich seiner Behandlung zu treffen, überprüfen Sie, ob eine Patientenverfügung vorliegt.

- Liegt keine Patientenverfügung vor und es müssen pflegerische Entscheidungen getroffen werden, prüfen Sie, ob eine Vorsorgevollmacht besteht. Liegt keine vor, rufen Sie das Betreuungsgericht an und regen eine Betreuung an. Dann kann der gesetzliche Betreuer für den Patienten wirksam einwilligen.

- Solange der Patient einwilligungsfähig ist, kann er selbst entscheiden. Sobald er einwilligungsunfähig ist, entscheidet ein Betreuer oder Bevollmächtigter entsprechend den Wünschen oder dem mutmaßlichen Willen des Patienten.

- Der Betreuer prüft im Einzelfall, welche Maßnahmen durch das Betreuungsgericht genehmigt werden müssen.

- Maßnahmen, in die der Patient einwilligen muss, aber nicht einwilligen kann, beispielsweise das Hochstellen der Bettseitensicherung, dürfen Sie ohne Genehmigung nur im akuten Notfall, kurzfristig und allein zum Schutz des Patienten bzw. Bewohners durchführen.

Patientenverfügung ist nicht gleich Vorsorgevollmacht

Wie Sie den Ausführungen oben entnehmen können, darf die Vorsorgevollmacht nicht mit der sogenannten Patientenverfügung verwechselt werden.

Beispiel:

Kurt Glaumer hatte einen Unfall. Wegen seines schweren Schädel-Hirn-Traumas ist er seit zwei Tagen bewusstlos. Es müssen wichtige Entscheidungen zu seiner Behandlung getroffen werden. Die Genesungsaussichten sind schlecht und dem Arzt stellt sich die Frage, welche Behandlungswünsche Herr Glaumer etwa bei einer lebensbedrohlichen Krise hat. Soll mit allen Mitteln reanimiert werden? Will Herr Glaumer, der mit sehr hoher Wahrscheinlichkeit bettlägerig bleiben wird, das volle Behandlungsprogramm ausschöpfen? Oder soll der Schwerpunkt der Behandlung auf eine lebensverkürzende Schmerzbehandlung gelegt werden? Die Ärzte fragen die Ehefrau, ob Herr Glaumer für diesen Fall mit einer Patientenverfügung vorgesorgt hat.

Mit einer Patientenverfügung kann jeder Erwachsene für den Fall seiner Einwilligungsunfähigkeit bestimmen, ob und welche Behandlung er in bestimmten Krankheitssituationen wünscht. Diese Verfügung hilft dem behandelnden Arzt, den Willen des Patienten in Bezug auf seine medizinische Behandlung zu beachten. Und zwar genau dann, wenn der Patient sich nicht mehr äußern kann und es etwa um den Einsatz lebenserhaltender Maßnahmen geht.

Wie in der Vorsorgevollmacht oder der Betreuungsverfügung sollte auch in der Patientenverfügung ein Vertreter benannt werden, der den Willen im Anwendungsfall durchsetzen soll. Die Patientenverfügung kann auch mit einer Vorsorgevollmacht oder Betreuungsverfügung kombiniert werden. Dann kann der Bevollmächtigte oder Betreuer dem Wunsch des Verfügenden im Notfall das notwendige Gewicht verleihen.

Voraussetzung für eine wirksame Patientenverfügung

Grundsätzlich gilt, dass ein Arzt den mutmaßlichen Willen seines Patienten berücksichtigen muss, wenn dieser sich nicht mehr äußern kann. Liegt aber eine Patientenverfügung vor, ist darin der Wille des Patienten beschrieben. Der behandelnde Arzt ist dann an die in der Verfügung festgelegten Wünsche des Patienten gebunden. Deshalb muss darauf geachtet werden, dass die Patientenverfügung nicht vage ist. Sie muss so präzise wie möglich formuliert sein. Nur so kann sie auf eine potenzielle Situation auch angewendet werden.

Schreibt Ihr Patient beispielsweise: „Ich möchte keinerlei lebenserhaltende Maßnahmen.", kann das sehr unterschiedlich interpretiert werden. Es kann zum Beispiel aufgrund eines Unfalles lebenserhaltende Maßnahmen geben, die dazu führen, dass ein Patient wieder völlig gesundet. Im Alter oder bei schwerer Krankheit wiederum kann es lebenserhaltende Maßnahmen geben, die zwar lebensverlängernd sind, genau genommen aber nur das Leiden bis zum Tod verlängern. Insofern ist „lebenserhaltende Maßnahmen" sehr unkonkret und könnte im schlimmsten Fall dazu führen, dass ein Patient seine Patientenverfügung anders meinte, als sie im Entscheidungsfall verstanden wird. Deshalb sind sehr konkrete Formulierungen äußerst wichtig.

4

Aus der Patientenverfügung sollte deutlich hervorgehen, dass es sich um den individuellen Willen des Verfassers handelt. Es sollte deutlich sein, dass die Verfügung nach ausreichender Information wohlüberlegt verfasst wurde. Der Verfügende sollte klarstellen, dass er sich mit den existenziellen Fragen, die in der Patientenverfügung geregelt werden, auseinandergesetzt hat. Es ist hilfreich, wenn der Ersteller der Patientenverfügung auch ärztliche Ratschläge in seine Festlegungen einbezieht.

Der Text sollte praxistauglich sein. Das heißt, die Formulierungen sollten nicht nur individuell, sondern auch aussagekräftig und rechtsverbindlich sein. Der Verfasser muss in seiner Verfügung deutlich machen, dass er diese verbindlich und bindend meint. Wenn es nicht möglich ist, eine konkrete Verfügung zu treffen, kann eine Vertrauensperson bevollmächtigt werden in diesem Fall rechtsverbindlich zu entscheiden.

Es ist wichtig, dass der Verfügende mit seinen Vertrauenspersonen spricht und diese in seine Überlegungen und individuelle Meinungsfindung einbezieht. Auch der Hausarzt sollte über die Patientenverfügung informiert werden bzw. bei der Abfassung hinzugezogen werden. Wichtig ist, dass in der Patientenverfügung schwammige Formulierungen und unbestimmte Begriffe vermieden werden. Unbestimmte Formulierungen sind solche wie zum Beispiel: „Ich will nicht an Schläuchen hängen." oder „Man soll mich in Ruhe sterben lassen."

Diese unkonkreten Angaben helfen nicht weiter. Wer möchte, dass seine Wünsche auch wirklich berücksichtigt werden, muss konkret formulieren. Konkret ist eine Willensäußerung, wie etwa diese: „Wenn ich im Sterbeprozess oral keine Nahrung mehr zu mir nehmen kann oder will, möchte ich keine künstliche Ernährung über eine Sonde oder andere Verabreichungsformen ...".

Vorsicht ist auch mit voreiligen und generellen Festlegungen oder Verzichtserklärungen geboten. Dadurch könnte der Verfügende diagnostische Maßnahmen oder Therapien aus Unkenntnis unbeabsichtigt ablehnen. Das wäre fatal, denn solche Maßnahmen könnten auch lebensrettend oder leidensmindernd sein. Deshalb sollten Formulierungen wie „... ich schließe grundsätzlich künstliche Beatmung/künstliche Ernährung aus", unbedingt mangels Eindeutigkeit vermieden werden.

4

Nicht vergessen sollte der Verfügende, dass die Forderung nach modernen Formen der Sterbebegleitung ebenfalls ein Bestandteil der Patientenverfügung sein kann. Durch moderne Formen der Sterbebegleitung und Therapien wie Palliativmedizin und Schmerztherapie kann das Sterben würdevoll und menschlich gestaltet werden. Man darf in seiner Patientenverfügung ruhig darauf hinweisen, dass man auf eine solche Behandlung Wert legt.

Wichtig: Eine Patientenverfügung dient nicht nur dazu, Wünsche mitzuteilen, wie man nicht behandelt werden möchte. Man kann hier auch dezidiert verfügen, wie man behandelt werden möchte.

Eine Aufforderung zur aktiven Sterbehilfe gehört nicht in die Patientenverfügung. Aktive Sterbehilfe ist verboten und aufgrund des Verbots ist die Forderung danach auch ohne rechtliche Grundlage. Die beste Form der Patientenverfügung ist die, bei der sich der jeweilige Text auf einen konkreten Krankheitszustand bezieht.

Beispiel:

„Wenn infolge einer Hirnschädigung meine Fähigkeit, Einsichten zu gewinnen, Entscheidungen zu treffen und mit anderen Menschen in Kontakt zu treten, nach Einschätzung zweier erfahrener Ärzte aller Wahrscheinlichkeit nach unwiederbringlich erloschen ist, selbst wenn der Todeszeitpunkt noch nicht absehbar ist, möchte ich ..."

Eine frei formulierte Patientenverfügung zeigt im Gegensatz zu vorgefertigten Formularen, Ankreuzverfahren und Standardformulierungen, eindeutig dass der Verfasser sich mit dem Thema intensiv auseinandergesetzt hat. Die Formulare, die beispielsweise im Internet heruntergeladen werden können, können eine gute Hilfestellung zur Formulierung der eigenen Patientenverfügung sein. Wenn sich die Ansichten des Verfügenden, wie er behandelt werden möchte, im Laufe der Zeit ändern, kann er die Patientenverfügung jederzeit abändern oder vollständig widerrufen.

Wird eine vorformulierte Patientenverfügung verwendet, ist dringend anzuraten, am Schluss durch ein paar handschriftliche Sätze zu ergänzen, aus denen heraus die Motivation für die Verfügung erkennbar wird.

4

Praxis-Tipp:

Um Zweifel am festgelegten Willen zu vermeiden, kann die Patientenverfügung, aber auch eine Vorsorgevollmacht oder Betreuungsverfügung regelmäßig, bspw. alle zwei Jahre aktualisiert oder mit einer datierten Unterschrift erneut bestätigt werden. Damit ist für den behandelnden Arzt ersichtlich, dass die Verfügung weiterhin Gültigkeit hat. Eine Verpflichtung dazu gibt es nicht.

Checkliste: Inhalt einer wirksamen Patientenverfügung

- Name und Geburtsdatum des Verfassers
- Erklärung, dass man bei klarem Verstand ist und die Folgen einer Patientenverfügung kennt
- Der individuelle Wille des Verfassers wird deutlich
- Es wird deutlich, dass die Verfügung nach ausreichender Information wohlüberlegt verfasst wurde
- Sie enthält die Forderung nach modernen Formen der Sterbebegleitung
- Es wurde darauf verzichtet, eine aktive Sterbehilfe zu fordern
- Die Formulierungen der Verfügung beziehen sich auf konkrete Krankheitszustände
- Der Text ist praxistauglich, das heißt, er kann in konkreten Situationen angewendet werden

noch: Checkliste: Inhalt einer wirksamen Patientenverfügung

- Eine Anmerkung, wann genau die Verfügung gilt – oder wann nicht
- Es sollte angegeben werden, ob man seine Organe spenden möchte oder nicht
- Sollte eine Kombination mit einer Vorsorgevollmacht und/oder Betreuungsverfügung bestehen, sollte in der Verfügung darauf hingewiesen werden
- Wünsche zum Ort des Sterbens und zur Sterbebegleitung sollten formuliert sein
- Ort, Datum und Unterschrift

4

Praxis-Tipp:

Warten Sie nicht, bis es zu spät ist. Bieten Sie Ihren Patienten Musterformulierungen an. Hilfestellung zum Inhalt einer Patientenverfügung sowie Textbeispiele und Textbausteine finden Sie auf der Internetseite des Bundesministeriums der Justiz. Ebenso weitergehende Informationen zur Patientenverfügung, Betreuungsverfügung und Vorsorgevollmacht. Hier stehen auch Vordrucke zur Verfügung, die kostenlos heruntergeladen werden können.

Wie Sie als Pflegekraft die Patientenverfügung richtig umsetzen

Die Anweisungen in der Patientenverfügung eines Patienten bzw. Bewohners müssen nicht nur von den behandelnden Ärzten, sondern auch von Ihnen als Pflegekraft eingehalten werden. Deshalb sollten Sie sich bei jedem neuen Patienten bzw. Bewohner vergewissern, ob eine Patientenverfügung vorliegt. Die Pflegedokumentation sollte grundsätzlich einen Vermerk enthalten, ob eine Patientenverfügung vorliegt.

Beachten Sie die Verfügung Ihres Patienten bzw. Bewohners genau. Auch wenn Sie anderer Ansicht sind, gilt der Wille des Verfügenden.

Besonders schwerwiegende Entscheidungen werden vom Bevollmächtigten oder Betreuer und dem behandelnden Arzt gemeinsam getroffen. Sind die beiden sich nicht einig, wird das Betreuungsgericht eingeschaltet.

Freiheitsentziehende Maßnahmen

Bei Aufenthalt in einer Anstalt, einem Heim oder einer sonstigen Einrichtung, sind mechanische Vorrichtungen, Medikamente oder andere Maßnahmen, mit denen über einen längeren Zeitraum oder regelmäßig die Freiheit entzogen wird, genehmigungspflichtig (§ 1906 Abs. 4 BGB). Das Gericht geht immer dann von einer Freiheitsentziehung im Sinne dieser Vorschrift aus, wenn eine Person in ihrer Bewegungsfreiheit so behindert wird, dass sie diese Behinderung nicht einfach überwinden kann.

Wenn es in der Pflege um freiheitseinschränkende Maßnahmen geht, wird zumeist auch vom Werdenfelser Weg gesprochen. Der Werdenfelser Weg wurde am Betreuungsgericht in Garmisch-Partenkirchen entwickelt. Auch andere Betreuungsgerichte haben das Verfahren inzwischen aufgegriffen. Ziel des Werdenfelser Weges ist es, freiheitsentziehende Maßnahmen in Einrichtungen auf ein Minimum zu reduzieren.

4

Dazu werden in Genehmigungsverfahren zu freiheitsbeschränkenden Maßnahmen Verfahrenspfleger eingesetzt, die pflegerisch und juristisch geschult sind. Der Verfahrenspfleger bespricht mit den Pflegekräften und Angehörigen die geplante Maßnahme und mögliche Alternativen. Seine fachliche Einschätzung zur Notwendigkeit und möglichen Alternativen zur Freiheitseinschränkung, wie etwa ein Niederflurbett, fasst er in einem Bericht für den Betreuungsrichter zusammen. Der Verfahrenspfleger ist parteiisch und fühlt sich den Bedürfnissen und Rechten des Betroffenen verpflichtet.

Die Vorgehensweise nach dem Werdenfelser Weg soll gewährleisten, dass alle Beteiligten in den Prozess einbezogen werden und gemeinsam Verantwortung übernehmen.

Mit dem Werdenfelser Weg wurde ein verantwortungsvoller Umgang mit Fixiergurten, Bettgittern und Stecktischen und deren konsequente Vermeidung angeregt.

Allerdings ist es nicht Aufgabe des Gerichts, Fixierungen zu vermeiden. Eine langfristige Minimierung von freiheitseinschränkenden Maßnahmen in Einrichtungen kann nur durch die Pflegenden und die Einrichtungsleitungen herbeigeführt werden. Hierzu benötigen die Pflegekräfte Engagement und Fachlichkeit und die Unterstützung ihrer Vorgesetzten. Freiheitseinschränkungen sollten niemals aus Gründen der Arbeitserleichterung oder haftungsrechtlichen Ängsten erfolgen.

Das Genehmigungsverfahren

Das Verfahren über die betreuungsgerichtliche Genehmigung einer freiheitsentziehenden Maßnahme läuft, unabhängig davon, ob es nach dem Werdenfelser Weg oder klassisch durchgeführt wird, in festgelegten Schritten ab. Zunächst wird geprüft, ob überhaupt eine genehmigungspflichtige Maßnahme, also eine Freiheitseinschränkung vorliegt. Ist der Betroffene bspw. nicht mehr in der Lage, sich zielgerichtet zu bewegen, kann davon ausgegangen werden, dass seine Freiheit nicht eingeschränkt wird. Gleiches gilt für Bewohner einer Pflegeeinrichtung, die völlig immobil sind und bei denen bspw. die Bettseitensicherung nur als „Rollschutz" eingesetzt wird. Geteilte Bettseitensicherungen sind in der Regel nicht genehmigungspflichtig, wenn sie so geteilt sind, dass sie einen mittleren Durchlass haben.

Im nächsten Schritt wird geprüft, ob die Voraussetzungen für die Erteilung der beantragten Genehmigung vorliegen. Dazu wird ein ärztliches Attest benötigt, aus dem die Diagnose und die Notwendigkeit der Freiheitseinschränkung hervorgehen. Dann wird genau geprüft, ob die Freiheitseinschränkung zum Schutz des Betroffenen erforderlich ist. Denn nur dann kann diese genehmigt werden. Sind alle notwendigen Verfahrensschritte abgewickelt, erfolgt ein schriftlicher Gerichtsbeschluss. In diesem ist genau dargelegt, welche Maßnahme für welchen Zeitraum maximal gestattet ist. Erst nach der richterlichen Genehmigung darf die freiheitseinschränkende Maßnahme geplant und durchgeführt werden.

Grundsätzlich gilt, dass eine freiheitsentziehende Maßnahme immer nur im aktuell benötigten Ausmaß angewandt werden darf. Es ist nicht bewiesen, dass freiheitsbeschränkende Maßnahmen Stürze verhindern. Der Expertenstandard „Sturzprophylaxe in der Pflege" geht sogar davon aus, dass Bewegungseinschränkungen (z. B. durch das Anbringen eines Bettseitenteils) zu häufigeren und gefährlicheren Stürzen führen.

Es wurde im Rahmen der ReduFix-Studie sogar beobachtet, dass in Pflegeeinrichtungen, die den Einsatz von Fixierungen und Bettseitenteilen befürworten, die Anzahl von Sturzverletzungen und Einklemmungen erhöht ist.

Aber es gibt Situationen, in denen alle Maßnahmen zur Sturzprophylaxe scheitern. Es kann dann durchaus sein, dass zum Schutz des Patienten oder Bewohners vor einer erheblichen, gesundheitlichen Gefährdung, beispielsweise einen Sturz, seine Freiheit eingeschränkt werden muss. Denn Sie sind als Pflegefachkraft in jedem Fall verpflichtet, einen Patienten oder Bewohner vor Schaden zu schützen.

Maßnahmen wie Bettgitter, Bauchgurt oder Therapietisch am Rollstuhl sind immer dann genehmigungspflichtig, wenn Ihr Patient bzw. Bewohner nicht mehr selbst in diese Maßnahme wirksam einwilligen kann. Dann muss eine gerichtliche Genehmigung eingeholt werden. Zuständig ist das Betreuungsgericht beim Amtsgericht im jeweiligen Bezirk der Einrichtung.

Ein Bevollmächtigter oder Betreuer kann für den Patienten oder Bewohner nicht die Einwilligung in diese Maßnahme erteilen. Bei freiheitseinschränkenden Maßnahmen muss immer eine Genehmigung und damit Kontrolle des Betreuungsgerichts vorliegen, wenn der Betroffene selbst nicht mehr einwilligen kann. Es ist Aufgabe des Bevollmächtigten oder des gesetzlichen Betreuers, beim Gericht den Antrag auf Genehmigung der Freiheitseinschränkung zum Schutz des Betroffenen zu stellen.

4

 Wichtiges Urteil: Eine Vorsorgevollmacht ermächtigt nicht zur Genehmigung von Freiheitsentzug

Der Bundesgerichtshof hat 2012 entschieden, dass freiheitseinschränkende Maßnahmen nur mit einer vorherigen, gerichtlichen Genehmigung erlaubt sind. Diese Genehmigungspflicht gelte auch dann, wenn ein Angehöriger im Besitz einer umfassenden Vorsorgevollmacht ist, in der auch die Bestimmung über freiheitsentziehende Maßnahmen vorgesehen ist. Der BGH vertrat den Standpunkt, dass der Bevollmächtigte aufgrund der vorliegenden Vollmacht zwar für den Vollmachtgeber einwilligen könne, das Betreuungsgericht diese Entscheidung aber kontrollieren müsse. Diese gerichtliche Kontrolle diene dem Schutz der pflegebedürftigen Person (BGH, Urteil vom 27.06.2012, Az. XII ZB 24/12).

Ohne Genehmigung machen Sie sich strafbar

Wird ein Patient oder Bewohner in einer Einrichtung ohne wirksame Genehmigung in seiner Bewegungsfreiheit etwa durch Einschließen, Täuschung, medikamentöse Ruhigstellung oder Festbinden eingeschränkt, machen sich die beteiligten Pflegekräfte der Freiheitsberaubung schuldig. Hat der Patient oder Bewohner in die

Maßnahme eingewilligt, muss diese Einwilligung zu einem Zeitpunkt erfolgt sein, als er noch die Konsequenzen seiner Einwilligung einschätzen konnte.

Wichtig: Sie dürfen kurzfristige Maßnahmen zum unmittelbaren Schutz eines gefährdeten Patienten oder Bewohners einleiten. Dann müssen Sie aber einen unmittelbaren Antrag auf Genehmigung beim zuständigen Betreuungsgericht stellen.

So sorgen Sie für eine zügige Genehmigung

Das Antragsverfahren können Sie standardisiert durchführen. Wenn Sie dazu einen Vordruck nutzen, vereinfachen Sie sich die Sache ungemein. Bei Bedarf können Sie so einen Vordruck auch dem Bevollmächtigten oder gesetzlichen Betreuer anbieten. Der ausgefüllte Antrag kann dann direkt an das Gericht gefaxt werden. Wenn Sie den Antrag faxen, kommt Ihr Antrag nicht nur zügig an die zuständige Geschäftsstelle. Sie haben mit dem Faxbericht zudem einen Nachweis, dass Sie den Antrag gestellt haben.

Muster: Antrag auf betreuungsgerichtliche Genehmigung einer freiheitsentziehenden Maßnahme nach § 1906 Abs. 4 BGB

Adresse Amtsgericht   Absender
Betreuungsgericht

                                       Datum

Name des Antragstellers/Betreuers: _____

Straße, Nr.:   _____

PLZ Ort: _____

Telefon: _____

Betreuungssache: *es besteht keine gesetzliche Betreuung*

Geschäftsnummer: _____

Sehr geehrte Damen und Herren,

unser Bewohner/Patient, Herr Max läuft aufgrund seiner Demenz stunden-lang bis zur Erschöpfung über den Wohnbereich. Er kann aufgrund seiner Er-krankung von den Pflegekräften nicht dazu bewegt werden, angemessene Pausen zu machen. Um die aus der Erschöpfung entstehende Sturzgefährdung zu verringern, müssen wir ihn zwingen, sich wenigstens stundenweise hin-zusetzen.

Aus diesem Grund stelle ich den Antrag auf gerichtliche Genehmigung der nachfolgend genannten freiheitseinschränkenden Maßnahme:

☐ Verwendung eines Bettgitters ☐ nachts und tagsüber ☐ bei Bedarf ☐ ständig

☐ Verwendung eines geriatrischen Stuhls ☐ bei Bedarf ☐ ständig

☐ Verwendung eines Bauchgurts ☐ tagsüber im Stuhl ☐ nachts im Bett ☐ bei Bedarf ☐ ständig

☐ Verwendung eines Trickverschlusses an der Wohnbereichstür/Einrichtungstür

☐ Freiheitseinschränkung durch _____

Es wurden mildere Maßnahmen als Alternativen zur Freiheitseinschränkung erprobt, nämlich: _____

Diese reichen zum Schutz des Bewohners aber nicht aus, weil

_____

Die o. g. Maßnahme wird durch folgenden Arzt befürwortet:

Dr. Pille, Krankenhausweg 3, 00000 Sonnenstadt (Name, Anschrift des Arztes)

Ein ärztliches Attest zur Notwendigkeit und voraussichtlichen Dauer der o. g. Maßnahme

☐ habe ich beigefügt ☐ reiche ich nach ☐ wird von der Einrichtung übersandt

☐ bitte ich anzufordern bei _____ (Name und Anschrift des Arztes)

Mit freundlichen Grüßen

Unterschrift

4

Jede freiheitsentziehende Maßnahme muss dokumentiert werden. Hierbei sind die Art der Maßnahme, die Zeit von/bis und wer die Maßnahme jeweils durchgeführt hat, anzugeben.

9 häufige Irrtümer über freiheitsentziehende Maßnahmen

Was die Notwendigkeit beantragter Maßnahmen zur Beschränkung der Bewegungsfreiheit von Patienten oder Bewohnern betrifft, existieren einige Irrtümer bei Pflegekräften. Nachfolgend lernen Sie die neun häufigsten Irrtümer und die tatsächliche Rechtslage kennen:

Irrtum 1: Bei erteilter Genehmigung zur Anwendung einer Bettseitensicherung muss diese immer angewendet werden

Ein Irrtum, dessen Ursprung wahrscheinlich in der Angst vor Haftung bei einem Sturz aus dem Bett begründet ist. Fakt ist jedoch, dass die Genehmigung des Betreuungsgerichts keine Anordnung ist. Sie legalisiert lediglich die notwendige Anwendung einer Bettseitensicherung zur Freiheitsbeschränkung – wenn diese erforderlich ist. Die Genehmigung des Betreuungsgerichts verpflichtet nicht zur Durchführung der freiheitsbeschränkenden Maßnahme. Als Pflegefachkraft sind Sie jedes Mal erneut dazu verpflichtet, zu prüfen, ob die freiheitseinschränkende Maßnahme in dem Moment, in dem Sie sie anwenden möchten, auch erforderlich ist.

Irrtum 2: Die Einwilligung eines Betreuers oder Bevollmächtigten in eine Freiheitseinschränkung reicht aus

Wenn der gesetzliche Betreuer oder Bevollmächtigte gemeinsam mit dem behandelnden Arzt der Meinung ist, dass zum Schutz des Betroffenen freiheitseinschränkende Maßnahmen erforderlich sind, muss immer ein Genehmigungsantrag beim Betreuungsgericht gestellt werden. Ohne diese Genehmigung ist die Einwilligung des Betreuers oder Bevollmächtigten nutzlos. Ein gesetzlicher Betreuer oder Bevollmächtigter ist aber nicht grundsätzlich verpflichtet, beim Betreuungsgericht einen Antrag auf die Genehmigung von freiheitseinschränkenden Maßnahmen zu stellen, wenn er diese nicht für erforderlich hält. Er kann seine Einwilligung in freiheitseinschränkende Maßnahmen also auch verweigern.

Irrtum 3: Bettseitenteile sind nachts nicht genehmigungspflichtig, weil die Nutzung nur „gelegentlich" erfolgt

Wird ein Bettseitenteil in den meisten oder allen Nächten genutzt, handelt es sich um eine regelmäßige Nutzung, die genehmigungspflichtig ist. Nur wenn das Seitenteil ausschließlich in Ausnahmefällen genutzt wird, etwa weil ein Bewohner unerwartet unruhig ist und aus dem Bett zu fallen droht, handelt es sich um eine gelegentliche Nutzung. Diese dient dann der Gefahrenabwehr und muss nicht vorher genehmigt werden.

Zeigt sich jedoch, dass die Unruhe und damit auch die Nutzung des Seitenteils regelmäßig auftritt, muss unverzüglich eine Genehmigung eingeholt werden.

Irrtum 4: Ein Therapietisch, der zum Rollstuhl gehört, ist nicht genehmigungspflichtig

Ein Therapietisch ist immer dann genehmigungspflichtig, wenn sein Einsatz dem vornehmlichen Ziel der Bewegungseinschränkung des Patienten oder Bewohners dient und nicht der Therapieförderung.

4

Irrtum 5: Der Sicherheitsgurt des Rollstuhls muss immer genehmigt werden

Wird der Sicherheitsgurt des Rollstuhls nur bei Transporten, also während der Fahrt, mit dem Ziel, den Bewohner vor dem Herausfallen während der Fahrt zu schützen, genutzt, ist er in vielen Fällen nicht genehmigungspflichtig. Wird er dagegen angewendet, um den Bewohner grundsätzlich am Aufstehen zu hindern, muss auch der Sicherheitsgurt genehmigt werden.

Irrtum 6: Das Feststecken der Bettdecke ist erlaubt

Eine Bettdecke kann so im Bett festgesteckt werden, dass sie die Bewegungsfreiheit des Patienten bzw. Bewohners einschränkt. Ist der Patient oder Bewohner nicht mehr in der Lage, die festgesteckte Bettdecke selbst zu lösen, handelt es sich auch hierbei um eine freiheitseinschränkende Maßnahme. Deshalb ist auch das gezielte Feststecken der Bettdecke, um den Bewohner in seiner Bewegung zu hindern, genehmigungspflichtig.

Irrtum 7: Der Patient oder Bewohner kann immer selbst einwilligen

Der Patient bzw. Bewohner kann nur in die Freiheitseinschränkung einwilligen, wenn er die Folgen seiner Einwilligung einschätzen kann, also einwilligungsfähig ist. Kann er die Folgen nicht einschätzen, ist die Einwilligung nicht rechtskräftig. Im Zweifelsfall kann man die Einwilligungsfähigkeit eines Patienten oder Bewohners sehr gut anhand der Krankengeschichte und den Pflegeberichten nachvollziehen.

Tipp: Ob Ihr Bewohner oder Patient einwilligungsfähig ist, können Sie relativ leicht prüfen: Fragen Sie ihn, welche Konsequenz seine Einwilligung hat. Antwortet er bspw. beim Bettseitenteil, dass er dann das Bett nicht mehr verlassen kann und Hilfe rufen muss, kann er die Konsequenz seiner Einwilligung einschätzen. Dokumentieren Sie diesen Sachverhalt.

Irrtum 8: Es ist zulässig, den Bewohner an den Tisch zu schieben, damit er sitzen bleibt

Das nahe Heranschieben des Patienten oder Bewohners an einen Tisch, damit er nicht aufstehen kann, kann eine Freiheitseinschränkung sein. Dies ist etwa der Fall, wenn der Pflegekraft eindeutig klar ist, dass der Patient bzw. Bewohner nicht mehr in der Lage ist, sich selbst aus dieser Position zu befreien.

Irrtum 9: Man darf eine Türe verstellen, um Patienten oder Bewohner zu hindern, hindurch zu gehen

Das Verstellen einer Türe ist mit einem sogenannten „Trickverschluss", also einer Türe, die nur durch einen Zahlencode oder eine besondere intellektuelle Leistung zu öffnen ist, vergleichbar. Der Trickverschluss ist in einer Einrichtung in der Regel genehmigungspflichtig. Etwas anderes gilt, wenn an der Tür für jeden gut sichtbar eine Anleitung zum Öffnen der Tür hängt.

Wichtig: Kann der Bewohner noch selbst in die freiheitsentziehende Maßnahme einwilligen, muss keine betreuungsgerichtliche Genehmigung eingeholt werden.

Richtlinien zum Gebrauch von Bauchgurten

Werden zur Freiheitsbeschränkung Bauchgurte angewendet, ist die richtige Vorgehensweise bei der Durchführung von Fixierungsmaßnahmen für den Betroffenen lebenswichtig. Denn durch die Anwendung von Bauchgurten sind in Deutschland mehrere Menschen zu Tode gekommen. Patienten, die nur mit einem Bauchgurt ohne Rückhaltevorrichtung bspw. einer Schrittsicherung im Bett fixiert waren, wurden im Bauchgurt hängend tot vor ihren Betten aufgefunden. Der Bauchgurt war in diesen Fällen von der Taille in den Brust- und Halsbereich gerutscht und hatte die Patienten dadurch stranguliert.

Deshalb dürfen nur noch Bauchgurte verwendet werden, die den Richtlinien des Bundesinstituts für Arzneimittel und Medizinprodukte (BfArM) entsprechen. Hiernach müssen die Fixiersysteme konstruktiv sicherstellen, dass die Bauchgurte sich nicht von der Taille der Patienten aus weiter kopfwärts verlagern können bzw. eine Verlagerung des Patienten über die Bettkante verhindert wird. Diese Anforderungen werden von den Herstellern so gelöst, dass Bauchgurte entweder mit Oberschenkelmanschetten oder einem Schrittgurt versehen sind.

Darüber hinaus hat das BfArM zur Reduzierung des Risikos für die Patienten folgende Richtlinien aufgestellt:

1. Bauchgurte, die keine seitlichen Rückhaltevorrichtungen haben oder bei denen die dazugehörigen Vorrichtungen separat beiliegend geliefert wurden, dürfen nicht eingesetzt werden. Es sei denn, sie werden dauerhaft und fest mit am Bauchgurt angebrachten Vorrichtungen nachgerüstet.

2. Bauchgurte zur Patientenfixierung müssen so am Bett befestigt sein, dass ein Verrutschen in den Thoraxbereich sicher verhindert wird. Am Bauchgurt integrierte seitliche Rückhaltevorrichtungen müssen beibehalten werden. Hinweis: Die Seitenbefestigungen verhindern, dass sich der Bewohner im Bett quer zur Körperachse dreht und stranguliert wird.

3. Die Fixierung mit Bauchgurt darf nur in Betten mit durchgehenden Seitengittern erfolgen. Die Gitter müssen während der Fixierung hochgestellt werden.

4. Nur Personal, das im Umgang mit dem jeweiligen Produkt geschult wurde, darf Fixierungen durchführen.

5. Die Anwender müssen über das korrekte Anlegen der Fixiergurte informiert sein, um eine fachgerechte Durchführung der Fixierung sicherzustellen.

 Wichtiges Urteil: Absenkbares Pflegebett ist Grundausstattung eines Heimes und eine Alternative zur Freiheitseinschränkung

Das Niederflurbett gilt als gute Alternative zur Vermeidung von Freiheitseinschränkungen in Form von Bettseitensicherungen. Wie wichtig das Gut der Freiheit auch von Gerichten angesehen wird, zeigt ein Urteil des Verwaltungsgerichts Würzburg. Das Gericht hat mit einer Entscheidung klargestellt, dass eine Pflegeeinrichtung für eine bestimmte Bewohnerin ein Niederflurbett mit geteilten Bettgittern zur Verfügung stellen muss, wenn dies eine freiheitseinschränkende Maßnahme unnötig macht. Die Richter betonten, dass es sich bei der Freiheit der Bewohnerin um ein hohes Rechtsgut handele. Die Einrichtung kann sich nach diesem Urteil auch nicht darauf berufen, dass ihre wirtschaftlichen Interessen damit nicht berücksichtigt würden. Finanzielle Aspekte sind aus Sicht der Richter bei der Prüfung von alternativen Maßnahmen für eine Freiheitsentziehung grundsätzlich nicht zu beachten (VG Würzburg, Urteil vom 01.09.2014, Az. W 3 S 14.778).

Oberste Maxime: Freiheitsbeschränkungen vermeiden

Freiheitseinschränkende Maßnahmen sollen dazu beitragen, Stürze von Pflegebedürftigen zu vermeiden. Ziel ist es vor allem, das Verletzungsrisiko bei einem Sturz für den Betroffenen zu reduzieren. Als Pflegefachkraft sind Sie verpflichtet, so schwerwiegende Eingriffe wie die Einschränkung der persönlichen Freiheit möglichst zu vermeiden. Deshalb müssen Sie vor dem Einsatz von freiheitseinschränkenden Maßnahmen einen sogenannten Abwägungsprozess durchführen und prüfen, ob

- der potentielle Nutzen höher ist als der mögliche Schaden, den der Betroffene erleiden kann.
- die minimalste Variante eingesetzt werden soll.

Als Alternativen kommen beispielsweise infrage:

- Überprüfung des Seh- und Hörvermögen und gegebenenfalls Hilfsmittel
- Medikation überprüfen
- geeignete Kleidung wie etwa rutschfeste Socken, feste Schuhe
- Hüftprotektoren bzw. Hüftschutzhosen, Sturzhelm
- ausreichende Beleuchtung ohne Schattenbereiche
- Beseitigung oder deutliche Markierung von Sturzfallen, wie Kabel, Schwellen
- Schaffung von Sitz- und Haltemöglichkeiten in langen Fluren oder Treppenhäusern
- geteilte Bettseitensicherung mit Ausstiegsmöglichkeit
- Einsatz von Niedrigflurbetten und/oder Sturzmatte oder Abrollmatratze
- Sensormatte, Alarmgeber, Sturzmelder

Pflegeversicherung

5

Ansprüche des Versicherten auf Leistungen der Pflegeversicherung

Die Pflegeversicherung ist eine Absicherung gegen die Folgen von Pflegebedürftigkeit. Es ist gesetzlich festgelegt, was Pflegebedürftigkeit heißt und wer pflegebedürftig ist. Gesetzliche Grundlage für die Pflegeversicherung ist das Elfte Buch des Sozialgesetzbuches (SGB XI). Träger der sozialen Pflegeversicherung sind die Pflegekassen, die unter dem Dach der Krankenkassen angesiedelt sind.

Als „pflegebedürftig" gelten Versicherte, wenn sie wegen einer körperlichen, geistigen oder seelischen Krankheit oder Behinderung dauerhaft, das heißt voraussichtlich mindestens für sechs Monate, in erheblichem Maße Hilfe bei den Verrichtungen des täglichen Lebens brauchen (§ 14 SGB XI). Zudem müssen Versicherte eine bestimmte Vorversicherungszeit (5 Jahre) nachweisen und einen Antrag auf Leistungen gestellt haben.

Die einzelnen Pflegestufen

Entscheidend für die Leistungen, die Pflegebedürftige von ihrer Pflegeversicherung erhalten, ist der Grad ihrer Pflegebedürftigkeit. Das Ausmaß der Pflegebedürftigkeit sowie die Möglichkeit zur Rehabilitation, um Pflegebedürftigkeit zu vermeiden, werden vom Medizinischen Dienst der Krankenversicherung (MDK), bei privat Pflegeversicherten von Medicproof oder bei Knappschaft-Versicherten der Sozialmedizinische Dienst der Knappschaft (SMD) festgestellt.

Dazu hat der Gesetzgeber in § 15 SGB XI drei Pflegestufen festgelegt:

- **Pflegestufe I = erheblich pflegebedürftig**
  sind Personen, die bei der Körperpflege, der Ernährung oder der Mobilität für wenigstens zwei Verrichtungen aus einem oder mehreren der oben genannten Bereiche mindestens einmal täglich Hilfe benötigen und zusätzlich mehrfach in der Woche Hilfe bei der hauswirtschaftlichen Versorgung brauchen.

  Der Zeitaufwand, den ein Familienangehöriger oder eine andere nicht als Pflegekraft ausgebildete Pflegeperson für die erforderlichen Leistungen der Grundpflege und hauswirtschaftlichen Versorgung benötigt, muss mindestens 90 Minuten im Tagesdurchschnitt betragen. Für die Grundpflege müssen mehr als 45 Minuten anfallen.

- **Pflegestufe II = schwer pflegebedürftig**
  sind Personen, die bei der Körperpflege, der Ernährung oder der Mobilität mindestens dreimal täglich zu verschiedenen Tageszeiten der Hilfe bedürfen und zusätzlich mehrfach in der Woche Hilfen bei der hauswirtschaftlichen Versorgung brauchen.

  Hier muss der Zeitaufwand, den ein Familienangehöriger oder eine andere nicht als Pflegekraft ausgebildete Pflegeperson für die erforderlichen Leistungen der Grundpflege und hauswirtschaftlichen Versorgung benötigt, im Tagesdurchschnitt mindestens drei Stunden betragen. Auf die Grundpflege müssen mindestens zwei Stunden entfallen.

- **Pflegestufe III = schwerstpflegebedürftig**
  sind Personen, die bei der Körperpflege, der Ernährung oder der Mobilität täglich rund um die Uhr, auch nachts, der Hilfe bedürfen und zusätzlich mehrfach in der Woche Hilfen bei der hauswirtschaftlichen Versorgung benötigen.

  Der Zeitaufwand, den ein Familienangehöriger oder eine andere nicht als Pflegekraft ausgebildete Pflegeperson für die erforderlichen Leistungen der Grundpflege und hauswirtschaftlichen Versorgung benötigt, muss im Tagesdurchschnitt mindestens fünf Stunden betragen. Auf die Grundpflege müssen mindestens vier Stunden entfallen.

- **Pflegestufe 0 = Leistungen für Menschen mit erheblichem allgemeinen Betreuungsbedarf**
  Seit dem 01.07.2008 erhalten Personen, die im Bereich der Grundpflege und Hauswirtschaft hilfsbedürftig sind, deren Hilfebedarf aber für eine Pflegestufe nach SGB XI nicht ausreicht, Leistungen aus der Pflegeversicherung. Nutznießer dieser Regelung sind Menschen mit demenzbedingten Fähigkeitsstörungen, geistigen Behinderungen oder psychischen Erkrankungen. Eine Leistungsvoraussetzung ist, dass im Rahmen der Begutachtung nach § 18 SGB XI Einschränkungen in den Aktivitäten des täglichen Lebens festgestellt wurden. Diese Einschränkungen müssen die Folge einer Erkrankung oder Behinderung sein. Darüber hinaus muss ein notwendiger Betreuungsbedarf bestehen, der dauerhaft zu einer erheblichen Einschränkung der Alltagskompetenz führt (§ 45a SGB XI). Das Ausmaß der Einschränkung der Alltagskompetenz wird während der Begutachtung mit einem festgelegten Assessment überprüft.

Übersicht: Die wesentlichen Faktoren der einzelnen Pflegestufen		
Grundpflege:	*Körperpflege:* Waschen, Duschen, Baden, Zahnpflege, Kämmen, Rasieren, Toilettenbenutzung	
	Ernährung: nur die mundgerechte Zubereitung der Nahrung sowie Hilfestellungen bei der Aufnahme von Essen und Trinken, nicht das Kochen des Essens.	
	Mobilität: selbstständiges Aufstehen, Zu-Bett-Gehen, An- und Auskleiden, Gehen, Stehen, Treppensteigen, Verlassen und Wiederaufsuchen der Wohnung.	
Hilfe bei der Grundpflege ...		Minuten
Pflegestufe I	für wenigstens 2 der oben genannten Verrichtungen mindestens einmal täglich Hilfebedarf	ab 46
Pflegestufe II	mindestens 3-mal täglich zu verschiedenen Tageszeiten Hilfebedarf	ab 120
Pflegestufe III	täglich rund um die Uhr, also auch nachts Hilfebedarf in den oben genannten Verrichtungen	ab 240
Pflegestufe 0	Es muss eine erheblich eingeschränkte Alltagskompetenz vorliegen.	0

Feststellung der Pflegebedürftigkeit

Ein Versicherter wird nur im Hinblick auf seine Pflegebedürftigkeit begutachtet, wenn er zuvor einen Antrag bei seiner Pflegeversicherung gestellt hat. Die Leistungen der Pflegeversicherung können formlos, das heißt, ohne ein spezielles Formular, beantragt werden. Die meisten Pflegekassen senden dem Versicherten, nachdem der formlose Antrag eingegangen ist, einen Vordruck, der dann ausgefüllt werden muss. Von der Pflegekasse dürfen in diesem Formular nur Informationen abgefragt werden, die für die Einschätzung der Pflegebedürftigkeit absolut erforderlich sind.

Wichtig: Egal, wann der Vordruck beim Versicherten ankommt oder von diesem zurückgesendet wird, als Antragsdatum gilt das Datum des formlosen Antrages.

Missverständnis „Pflegebedürftigkeit"

Im Zusammenhang mit Pflegebedürftigkeit besteht ein großes Missverständnis: Sowohl Hilfebedürftige, wie deren Angehörige glauben, dass Hilfebedarf bei der Führung des Haushalts, wie waschen, kochen, putzen, pflegerische Maßnahmen bedeute. Im Gesetz ist aber genau das ausgeschlossen: Besteht nur hauswirtschaftlicher Hilfebedarf, liegt keine Pflegebedürftigkeit im Sinne der Pflegeversicherung vor!

Wann eine Person so pflegebedürftig ist, dass eine Pflegestufe nach § 15 SGB XI anerkannt wird, hat der Gesetzgeber dezidiert geregelt. Ausschlaggebend ist der Hilfebedarf bei den gewöhnlichen und regelmäßig wiederkehrenden Verrichtungen des täglichen Lebens. Mit „gewöhnlichen und regelmäßig wiederkehrenden Verrichtungen des täglichen Lebens" sind die Hilfen der Grundpflege und der hauswirtschaftlichen Versorgung gemeint.

Die Grundpflege wurde in verschiedene Unterpunkte gegliedert. Diese sind:

- Körperpflege, also das Waschen am Waschbecken, Duschen oder Baden, die Zahnpflege, Kämmen, Rasieren und die Toilettenbenutzung

- Ernährung, hier zählt aber nur die mundgerechte Zubereitung der Nahrung und Hilfestellungen beim Essen und Trinken, nicht das Kochen des Essens

- Mobilität, damit ist das selbstständige Aufstehen und Zu-Bett-Gehen, das An- und Auskleiden, Gehen, Stehen, Treppensteigen und das Verlassen und Wiederaufsuchen der Wohnung gemeint.

In der hauswirtschaftlichen Versorgung sind Einkaufen, Kochen, Reinigen der Wohnung, Spülen, Wechseln und Waschen von Wäsche und Kleidung sowie Heizen erfasst. Wie die Hilfen zu bewerten sind, ist in den Begutachtungs-Richtlinien (BRi) geregelt.

Die BRi konkretisieren die Bewertung des Hilfebedarfs. Hier ist definiert, wie die Hilfen erbracht werden können. Dazu wurden fünf verschiedene Hilfeformen festgelegt, die den unterschiedlichen Bedürfnissen der Pflegebedürftigen gerecht werden sollen. Die jeweilige Hilfeform ist in der Begutachtung entscheidend. Denn nach ihr bestimmt der Gutachter bei der Einstufung den Zeitaufwand für eine Hilfeleistung.

Mit den unterschiedlichen Hilfeformen soll auf die unterschiedlichen Auswirkungen von Erkrankungen eingegangen werden. Denn trotz gleicher Erkrankung muss kein identischer Hilfebedarf bestehen. Die

5

notwendigen Hilfen, die ein Pflegebedürftiger braucht, sind immer individuell verschieden.

Bei einer leichteren Demenz genügt die einfache Aufforderung zur Einnahme einer Mahlzeit, bei einer schweren Demenz muss der Erkrankte dagegen bei jedem einzelnen Bissen dazu aufgefordert werden, Essen vom Teller zu nehmen, die Gabel bzw. das Essen zum Mund zu führen und zu kauen. Während die kurze Aufforderung eine Impulsgabe ist und in den Bereich der Unterstützung fällt, ist der Aufwand bei der schweren Demenz eine Anleitung in Verbindung mit Beaufsichtigung. Sicher ist für Sie klar erkennbar, welche Hilfeform zeitaufwändiger ist.

In der nachfolgenden Übersicht finden Sie die einzelnen Hilfeformen und ihre Auswirkung auf den Zeitaufwand, den ein Gutachter berücksichtigt.

5

Hilfeformen und Bemessung des Zeitaufwands		
Hilfeform	**Inhalt der Hilfe**	**Bewertung des Zeitaufwands**
Unterstützung	Heißt, dass Sie für den Pflegebedürftigen notwendige Utensilien nur vorbereiten bzw. bereitstellen müssen, damit er die Verrichtung selbstständig durchführen kann. Dazu gehört z. B. beim Gehen die Bereitstellung des Rollators. Unterstützung z. B. beim Waschen liegt dann vor, wenn der Pflegebedürftige sich zwar selbst waschen kann, Sie aber das Waschwasser bereitstellen und nach dem Waschen beseitigen oder den Waschlappen anreichen müssen. Auch das Bereitlegen geeigneter Kleidungsstücke im Rahmen des An- und Auskleidens gehört dazu.	Die Unterstützung beschreibt zumeist nur kleine Hilfestellungen, die in der Regel für die Erreichung einer Pflegestufe nicht sonderlich ins Gewicht fallen. Sie kann aber ergänzend zu den anderen Hilfeleistungen eine entscheidende Rolle spielen.

noch: Hilfeformen und Bemessung des Zeitaufwands

Hilfeform	Inhalt der Hilfe	Bewertung des Zeitaufwands
Teilüber-nahme	liegt vor, wenn Sie direkte Hilfe bei der Durchführung einer Verrichtung leisten, indem Sie nur den Teil der Verrichtungen des täglichen Lebens übernehmen, die der Pflegebedürftige nicht selbst ausführen kann. Eine teilweise Übernahme be-deutet, dass Sie eine teil-weise selbstständig erle-digte Verrichtung vollen-den. Bei einem demenziell erkrankten Pflegebedürf-tigen kann die teilweise Übernahme dann erforder-lich sein, wenn der Pflege-bedürftige von der eigent-lichen Verrichtung wieder-holt abschweift oder die Verrichtung trotz Anleitung zu langsam und umständ-lich ausführt. In einem sol-chen Fall muss z. B. das Waschen wegen der Gefahr des Auskühlens von Ihnen zu Ende gebracht werden.	Der Zeitbedarf, der bei Teilübernahmen berücksichtigt wird, ist höher, als bei der Unterstützung. Teil-übernahmen kön-nen bei demenz-erkrankten Pflege-bedürftigen auch im Rahmen der An-leitung und Beauf-sichtigung eine Rolle spielen.
Beauf-sichtigung	Hier steht die Sicherheit bei der Ausführung einer Handlung im Vordergrund. Beaufsichtigung beim Rasieren ist z. B. erforder-lich, wenn der Pflege-bedürftige die Klinge oder den Rasierapparat un-sachgemäß benutzt und dadurch eine Selbstgefähr-dung besteht.	Beaufsichtigung bin-det Sie als Pflege-person in zeitlicher und örtlicher Hinsicht genauso, als würden Sie die Hilfen direkt ausführen. Eine not-wendige Beaufsichti-gung hat deshalb auch einen relativ hohen Zeitaufwand zur Folge.

5

noch: Hilfeformen und Bemessung des Zeitaufwands

Hilfeform	Inhalt der Hilfe	Bewertung des Zeitaufwands
	Es kann aber auch um die Kontrolle gehen, ob der Pflegebedürftige die Verrichtungen sinnvoll durchführt. Wenn Sie den Pflegebedürftigen nur überwachen, ob er die Verrichtungen überhaupt ausführt, und nur gelegentlich zu Handlungen auffordern müssen, reicht das nicht. Nur die Beaufsichtigung, Überwachung und/oder Erledigungskontrolle im Rahmen der gesetzlichen Verrichtungen werden bei der Einstufung berücksichtigt.	
Anleitung	bedeutet, dass Sie bei einer Verrichtung den Ablauf der einzelnen Handlungsschritte oder den ganzen Handlungsablauf anregen, lenken oder demonstrieren müssen. Das ist dann erforderlich, wenn der Pflegebedürftige zwar die motorischen Fähigkeiten für die Verrichtung besitzt, sie aber nicht in einem sinnvollen Ablauf durchführen kann. Zur Anleitung gehört auch die Motivierung des Pflegebedürftigen, die Verrichtungen selbstständig durchzuführen. Ziel dieser Hilfeform ist, dass der Pflegebedürftige aktiv bleibt und die Ver-	Zum einen stellen Sie die selbstständige Erledigung der Verrichtungen durch den Pflegebedürftigen sicher, indem Sie ihn im individuell notwendigen Umfang zur Erledigung der Handlung anregen. Der Aufwand kann sehr unterschiedlich sein und von der einfachen Aufforderung bis hin zu Ihrer ständig notwendigen Anwesenheit reichen. Das ist z. B. der Fall, wenn Sie auch kleinste Einzelschritte oder den ganzen Vorgang

5

noch: Hilfeformen und Bemessung des Zeitaufwands

Hilfeform	Inhalt der Hilfe	Bewertung des Zeitaufwands
	richtungen selbst erledigt. Ihre Aufgabe ist dabei, den Pflegebedürftigen im für ihn notwendigen Umfang zur Erledigung anzuregen.	lenken oder demonstrieren müssen. Der Zeitaufwand für die Anleitung ist recht hoch.
Vollständige Übernahme	Liegt vor, wenn Sie alle Verrichtungen für den Pflegebedürftigen ausführen, weil er sie nicht mehr selbst ausführen kann. Das sollten Sie aber nur tun, wenn der Pflegebedürftige auch keinen eigenen Beitrag zur Vornahme der Verrichtung mehr leisten kann.	Diese Hilfeform kommt nur infrage, wenn der Pflegebedürftige nicht mehr in der Lage ist, die Handlung selbst auszuführen. Die vollständige Übernahme ist eine zeitlich wenig aufwendige Form der direkten Hilfe.

Hinweis: Ein unabhängig von den in diesem Kapitel vorgestellten Verrichtungen erforderlicher allgemeiner Aufsichts- und Betreuungsbedarf wird bei der Feststellung des Hilfebedarfs nicht berücksichtigt. Das gilt auch für eine allgemeine Beaufsichtigung allein und Betreuung zur Vermeidung einer Selbst- oder Fremdgefährdung.

5

Ist ein Patient bereits als pflegebedürftig anerkannt und benötigt eine höhere Pflegestufe, kann er einen Antrag auf Höherstufung stellen. Es sollte eine erhebliche Verschlechterung des Gesundheitszustandes zum letzten Gutachten vorliegen oder die letzte Begutachtung sollte mindestens sechs Monate zurückliegen.

Praxis-Tipp:

Beim Höherstufungsantrag wird die aktuelle Pflegebedürftigkeit überprüft. Es kann deshalb auch passieren, dass auf Grund des Antrags eine Herabstufung erfolgt!

Dienstleistungs-Richtlinie im Begutachtungsverfahren

Mit § 18 SGB XI wurden die im Begutachtungsverfahren eingesetzten medizinischen Dienste verpflichtet, Verhaltensregeln für die Gutachter festzulegen. Aus dieser Verpflichtung entstand die Dienstleistungs-Richtlinie. Die Inhalte dieser Richtlinie gelten für alle Gutachter, die nach SGB XI begutachten, unabhängig für welchen medizinischen Dienst sie tätig sind. Allerdings gilt die Richtlinie ausschließlich für das Begutachtungsverfahren. Die wichtigsten Inhalte der Richtlinie können Sie im Folgenden nachlesen:

- Begutachtungen sollen in der Regel montags bis freitags zwischen 8:00 Uhr und 18:00 Uhr durchgeführt werden. Nach Absprache und auf Wunsch des Versicherten sind andere Zeiten möglich

- Der Terminkorridor für den Gutachter im Haushalt des Versicherten darf maximal zwei Stunden betragen

- Dem Versicherten und seiner Pflegeperson muss die Möglichkeit zur Terminabsprache oder Terminverschiebung eingeräumt werden

- Die Terminmitteilung des medizinischen Dienstes muss schriftlich erfolgen. Nur bei einer telefonischen Terminabsprache kann im Einvernehmen mit dem Versicherten oder seiner Pflegeperson auf eine schriftliche Terminmitteilung verzichtet werden

- Das Begutachtungsverfahren muss vor dem Begutachtungstermin schriftlich erklärt werden

- Der Versicherte erhält mit der Terminankündigung umfassende Informationen zum Beispiel zu den Aufgaben des Gutachters, der Rechtsgrundlage, die Art des Gutachtens und gegebenenfalls den Anspruch auf einen Gebärdendolmetscher

- Ist ein Bevollmächtigter oder gesetzlicher Betreuer vorhanden, muss dieser ebenfalls schriftlich über den Termin informiert werden.

- Ist der Versicherte erkennbar nicht mit der deutschen Sprache vertraut, erhält er die notwendigen Informationen in einer entsprechenden Fremdsprache. Grundsätzlich dürfen Gutachter jedoch davon ausgehen, dass der Versicherte mit der deutschen Sprache vertraut ist.

- Die körperliche Untersuchung zur Feststellung des Hilfebedarfs darf der Gutachter nur alleine mit dem Versicherten oder in Anwesenheit der vom Versicherten gewünschten Vertrauensperson durchführen.

- Es gilt der Grundsatz, dass der Gutachter bei der Begutachtung unabhängig und allein seinem Gewissen unterworfen ist.

- Der Versicherte hat während der Begutachtung, die in seiner Wohnung stattfindet, Hausrecht. Deshalb sollen die Wünsche und Bedürfnisse des Versicherten berücksichtigt werden. Allerdings dürfen diese die Begutachtung nicht beeinträchtigen.

- Wenn zwischen dem Gutachter und dem Versicherten verwandtschaftliche oder freundschaftliche Beziehungen bestehen, muss der Gutachter die Begutachtung ablehnen.

- Gutachter dürfen im Zusammenhang mit der Begutachtung keine Sach- oder Geldgeschenke annehmen. Gastfreundschaft, wie etwa die Annahme eines Glases Wasser oder einer Tasse Kaffee, ist zulässig.

5

- Der Versicherte darf neben seiner Pflegeperson zwei weitere Vertrauenspersonen zur Begutachtung hinzuziehen (z. B. einen Angehörigen und einen selbst beauftragten unabhängigen Pflegesachverständigen).

- Der Gutachter hat über Sachverhalte, die er im Rahmen der Begutachtung erfährt und die mit der Pflegeeinstufung nicht in Zusammenhang stehen, Schweigepflicht.

- 2,5 Prozent aller Versicherten soll innerhalb von zwei Monaten nach der Begutachtung einen standardisierten Feedbackbogen erhalten. In diesem Fragebogen wird der Versicherte über seine

  - Zufriedenheit mit den Informationen im Rahmen des Begutachtungsverfahrens

  - dem Ablauf der Begutachtung und

  - das Auftreten und die Beratung des Gutachters befragt.

- Die Ergebnisse der Befragung müssen im Internet veröffentlicht werden.

- Jeder medizinische Dienst muss ein Beschwerdemanagement einrichten. Im Rahmen dieses Beschwerdemanagements müssen alle Beschwerden erfasst und ausgewertet werden.

- Wenn sich ein Versicherter beschwert, muss er umgehend eine Eingangsbestätigung erhalten. Bei mündlichen oder telefonischen Beschwerden umfasst die Eingangsbestätigung auch die Zusammenfassung der Beschwerde.

- Die eingehenden Beschwerden werden an den betroffenen Gutachter oder Mitarbeiter und seinen Vorgesetzten oder Teamleiter weitergeleitet. Diese werten die Beschwerden gemeinsam mit dem Gutachter oder Mitarbeiter aus.

- Der Versicherte erhält innerhalb von vier Wochen nach Eingang seiner Beschwerde eine individuelle Stellungnahme zu seiner Beschwerde.

- Die eingegangenen Beschwerden werden jährlich zum 31.12. ausgewertet. Die Auswertung der Beschwerden wird dem Vorstand des jeweiligen medizinischen Dienstes vorgestellt. Die Beschwerden sollen zu Maßnahmen, wie etwa Veränderungen von Prozessen oder Schulungen von Mitarbeitern führen. Die Auswertung der Beschwerden wird nicht veröffentlicht.

5

Ablauf des Begutachtungsverfahrens

Nach der Antragstellung auf eine Pflegestufe beauftragt die Pflegekasse einen medizinischen Dienst, den Pflegebedarf des Versicherten festzustellen. Je nach Versicherung kommt der Medizinische Dienst der Krankenversicherung (MDK), der Sozialmedizinische Dienst der Knappschaft (SMD), ein anderer von der Pflegekasse beauftragter Gutachter oder Medicproof als medizinischer Dienst der privat versicherten Antragsteller in Frage. Zur Feststellung der Pflegebedürftigkeit macht der zuständige medizinische Dienst einen vorher angemeldeten Hausbesuch.

Zur Vorbereitung des Hausbesuches und um sich selbst Klarheit über den Hilfebedarf zu verschaffen, kann Ihr Patient bzw. der pflegende Angehörige ein Pflegetagebuch über die Dauer und Art der Hilfestellungen führen. Dazu kann er zwar einen einfachen Block nutzen, auf dem die Pflegeperson alle Hilfestellungen mit Uhrzeit oder Dauer notiert. Sie können Ihrem Patienten bzw. seiner Pflegeperson aber auch den Rat geben, die Pflegekasse um Zusendung eines Pflegetagebuchs zu bitten. Alternativ kann ein Vordruck auch im Internet bei verschiedenen Pflegekassen kostenlos heruntergeladen werden.

Der Gutachter muss festgelegten Regeln folgen

Unabhängig davon, von welchem medizinischen Dienst der Gutachter kommt, muss er sich an Regeln halten. Es ist sinnvoll, wenn Sie als Pflegekraft bei der Begutachtung dabei sind. In jedem Fall sollte die Pflegperson bei der Begutachtung anwesend sein. Der Gutachter muss die Pflegeperson befragen, welche Hilfen diese für den Pflegebedürftigen erbringt. Zur Beantwortung der Fragen kann die Pflegeperson Notizen oder das Pflegetagebuch zur Hand nehmen. Die Notizen können dem Gutachter auch mitgegeben werden. Will die Pflegeperson ihrer Notizen nicht herausgeben, muss sie dies auch nicht.

Bei der Pflegeeinstufung sollten Sie dem Gutachter nicht erzählen, dass der Pflegebedürftige überhaupt nichts mehr kann und alles von der Pflegeperson oder dem Pflegedienst übernommen wird. Vielmehr muss klar werden, dass sich die Pflegenden bemühen, den Pflegebedürftigen zur eigenen Ausführung von Handlungen zu ermutigen und anzuleiten. Für diese aktivierende Form der Hilfe muss der Gutachter mehr Zeit berücksichtigen, als für eine Vollübernahme, bei der die Pflegeperson die Hilfen direkt selbst ausführt. Je nach Krankheitsbild kann es auch erforderlich sein, dass die Pflegeperson während der gesamten Durchführung der Handlung anwesend sein muss. Auch dieser Zeitaufwand ist berücksichtigungsfähig.

Der Gutachter fragt während des Einstufungsverfahrens, ob der Versicherte die Zusendung des Gutachtens wünscht. Hier sollten Sie ihren Patienten in jedem Fall zu einem „ja" raten. Denn anhand des Gutachtens kann später die Entscheidung der Pflegekasse nachvollzogen werden.

Der Einstufungsbescheid

Nach dem Hausbesuch teilt der Gutachter seine Ergebnisse und die Empfehlung zur Einstufung der Pflegeversicherung des Versicherten mit. Diese Empfehlung wird von der Pflegeversicherung in aller Regel übernommen. Zwar kann der schriftliche Einstufungsbescheid einige Wochen auf sich warten lassen. Spätestens fünf Wochen nach der Antragstellung sollte er allerdings vorliegen (§ 18 Abs. 3 SGB XI).

Wurde eine Pflegebedürftigkeit festgestellt, erfolgt die Zahlung von Pflegeleistungen rückwirkend ab dem Datum der Antragstellung.

Pflegeversicherung

Der Bescheid der Pflegekasse ist ein sogenannter Verwaltungsakt. Deshalb muss mit diesem Bescheid auch eine sogenannte Rechtsmittelbelehrung erfolgen. In der Rechtsmittelbelehrung wird dem Versicherten mitgeteilt, dass er die Möglichkeit hat, innerhalb eines Monats einen Widerspruch gegen die Entscheidung einzulegen. Fehlt die Rechtsmittelbelehrung, was selten der Fall ist, so verlängert sich diese Widerspruchsfrist auf ein Jahr.

Widerspruch gegen den ablehnenden Einstufungsbescheid

Wenn ein Patient oder Bewohner gar nicht oder nicht angemessen eingestuft wurde, kann er dagegen Widerspruch einlegen und diesen begünden. Die Begründung sollte sich am Einstufungsgutachten orientieren. Der Widerspruch kann nur vom Versicherten selbst oder einem Bevollmächtigten eingereicht werden. Da Pflegebedürftige oftmals nicht mehr in der Lage sind, ihren Schriftverkehr selbst abzuwickeln, erfolgt der Widerspruch zumeist durch einen Bevollmächtigten.

Muster: Widerspruchsschreiben

Pflegekasse Gesund   Absender
Musterstraße 21
12345 Musterstadt

                            Datum

Betr.: Widerspruch gegen Ihren Bescheid vom _____

Sehr geehrte Damen und Herren,

ausweislich beigefügter Vollmacht in Kopie lege ich gegen Ihren o. g. Bescheid Widerspruch ein.

Der Hilfebedarf ist wesentlich höher als vom Gutachter festgestellt, so dass die Pflegestufe ____ zur Sicherstellung der Pflege nicht ausreicht. Eine ausführliche Begründung zu diesem Widerspruch werde ich unaufgefordert nachreichen.

Freundliche Grüße

Unterschrift

---

www.WALHALLA.de

Wenn Ihr Patient Widerspruch einlegen möchte, können Sie ihm anbieten, ihm bei der Begründung für diesen Widerspruch zu helfen. Die Widerspruchsbegründung sollte vom Aufbau am Gutachtenformular des medizinischen Dienstes orientiert sein. Es ist daher sinnvoll, die Ausführungen in der Begründung in die folgenden Bereiche zu unterteilen:

- Körperpflege

- Ernährung

- Mobilität

- Hauswirtschaftliche Versorgung

Bei Vorliegen einer Pflegestufe wird die Notwendigkeit der hauswirtschaftlichen Versorgung unterstellt. Hierauf sollten Sie also keine Energie verwendet werden. Es reicht völlig aus, darauf hinzuweisen, dass die hauswirtschaftliche Versorgung vollständig von der Pflegeperson oder einem Dienstleister übernommen wird.

5

Praxis-Tipp:
Sie können als Leistungserbringer auch eine pflegefachliche Stellungnahme erstellen.

Für die Widerspruchsbegründung ist wichtig, für die Bereiche Körperpflege, Ernährung und Mobilität darzustellen, welche

- Hilfeleistungen in welchem Bereich

- wie oft,

- in welchen Hilfeformen

- aus welchem Grund (pflegebegründende Diagnose, individuelle Einschränkungen) erbracht werden müssen.

Auch spezielle Pflegeerschwernisse, die die Hilfeleistung verlängern, sollten im entsprechenden Komplex des Hilfebedarfs genannt werden.

Beispiel:

Im Komplex „Ernährung" sind Schluckbeschwerden ein spezielles Pflegeerschwernis.

Es können aber auch generelle Pflegeerschwernisse auftreten, die sich auf alle Hilfeleistungen auswirken, wie etwa ein Gewicht von mehr als 80 Kilogramm. Die Widerspruchsbegründung sollte übersichtlich und nachvollziehbar gestaltet sein. Sollte eine Pflegedokumentation vorliegen, sollten sich die Angaben in der Widerspruchsbegründung mit den Angaben in der Pflegedokumentation decken.

Beispiele:

- Körpergewicht über 80 kg

- Kontrakturen/Einsteifung großer Gelenke oder Fehlstellungen der Extremitäten

- hochgradige Spasti (z. B. bei Hemi- oder Paraparesen)

- eingeschränkte Belastbarkeit infolge schwerer kardiopulmonaler Dekompensation mit Orthopnoe und ausgeprägter zentraler und peripherer Zyanose sowie peripheren Oedemen

- Notwendigkeit der mechanischen Harnlösung oder der digitalen Enddarmentleerung

- Schluckstörungen oder Störungen der Mundmotorik sowie Atemstörungen

- Abwehrverhalten oder fehlende Kooperation mit Behinderung der Übernahme bspw. bei Demenz, geistigen Behinderungen oder psychischen Erkrankungen

- stark eingeschränkte Sinneswahrnehmung wie schweres Hören, schlechtes Sehen

- starke therapieresistente Schmerzen

- pflegebehindernde räumliche Verhältnisse

- zeitaufwendiger Hilfsmitteleinsatz etwa beim Einsatz von fahrbaren Liftern oder Decken- bzw. Wandliftern

- Behandlungspflegemaßnahmen, die aus medizinisch-pflegerischen Gründen regelmäßig und auf Dauer untrennbarer Bestandteil der Hilfe bei den Verrichtungen der Grundpflege sind oder objektiv notwendig im unmittelbaren zeitlichen und sachlichen Zusammenhang mit diesen Verrichtungen vorgenommen werden müssen

Typische Mängel im Begutachtungsverfahren

Ein Einstufungsgutachten muss nachvollziehbar, plausibel und auf die individuelle Situation des Pflegebedürftigen ausgerichtet sein. Dabei können den Gutachtern Formfehler und Plausibilitätsmängel unterlaufen.

Ein Formmangel liegt zum Beispiel vor, wenn der Gutachter es abgelehnt hat, die Pflegekraft oder die Pflegeperson zur Pflegesituation anzuhören oder keinen Einblick in die Pflegedokumentation genommen hat. Das heißt, ein Formmangel liegt vor, wenn der Gutachter etwas, das er laut den für ihn geltenden Richtlinien tun muss, ohne zwingenden Grund unterlässt.

Plausibilitätsmängel erkennen Sie dagegen nur im Gutachtenzusammenhang. Das heißt, wenn ein Gutachter etwa zum einen feststellt, dass der Pflegebedürftige bei der Körperpflege umfassende Hilfe benötigt, das Ankleiden dagegen selbstständig erfolgt, ist dies aus pflegerischer Sicht zunächst nicht plausibel. Ergibt sich dieser Sachverhalt aber aus den Erläuterungen im Gutachten, beispielsweise bei Anwendung spezieller Hilfsmittel wie behindertenadaptierter Kleidung, so ist dies wieder plausibel. Verzichtet der Gutachter auf eine Begründung, fehlt die Plausibilität.

5

Praxis-Tipp:

Um das Vorgehen des Gutachters und mögliche Formmängel festzuhalten, empfiehlt es sich, ein Begutachtungsprotokoll zu erstellen. Dies kann als Beweismittel in einem Widerspruchsverfahren berücksichtigt werden.

In einer pflegefachlichen Stellungnahme zum Widerspruch greifen Sie die aus Ihrer Sicht bestehenden Mängel des Gutachtens auf und stellen sie Ihrer Sichtweise des Hilfebedarfs gegenüber. Wenn Sie einen Patienten mit einer solchen Stellungnahme unterstützen, können Sie mit der nachfolgenden Übersicht prüfen, ob Sie an alles gedacht haben.

Widerspruchsbegründung

- Sie haben die pflegebegründenden Diagnosen aufgeführt.
- Sie haben ausgeführt, inwieweit diese Diagnosen die Ausführung der täglichen Verrichtungen beeinflussen.
- Sie haben dargestellt, dass Ihr Patient aktivierend gepflegt wird und dies zeitaufwendiger ist, als eine passivierende Pflege.
- Falls vorhanden, stimmen Ihre Angaben mit der individuellen Pflegedokumentation (Pflegeplanung, Pflegebericht, Durchführungsnachweis) überein.
- Sie haben aufgeführt, welche Hilfeleistungen wie oft am Tag erforderlich sind.
- Sie haben angegeben, welche Formen der Hilfe bei den jeweiligen Hilfeleistungen warum erforderlich sind.
- Sie haben die generellen und speziellen Pflegeerschwernisse aufgeführt.
- Sie beziehen sich in Ihrer Stellungnahme auch auf die Angaben aus dem Gutachten.
- Sie haben die besonderen Schwierigkeiten in der Person des Patienten bzw. Bewohners herausgestellt, etwa die Notwendigkeit, ihn zu Handlungen motivieren oder zur Annahme von Hilfeleistungen überreden zu müssen.
- Sie haben als Pflegeerschwernis zu wertende behandlungspflegerische Maßnahmen im Rahmen der Grundpflege aufgeführt, beispielsweise das Anziehen von Kompressionsstrümpfen ab Klasse 2.
- Sie haben Ihre Stellungnahme übersichtlich und nachvollziehbar gegliedert.

Wichtige Urteile:

- **Sekundengenaue Zeitermittlung**
  Das Bundessozialgericht Kassel hat klargestellt, dass die Bestimmung einer Pflegestufe bis auf die Sekunde genau erfasst werden muss. Das Gericht erklärte, dass die Minutenpauschale gesetzlich nicht vorgesehen und auch nicht vertretbar ist. Der Hilfebedarf muss vom Gutachter exakt bestimmt werden (BSG, Urteil vom 10.03.2010, Az. B 3 P 10/08).

- **Niedrigere Pflegestufe nur bei deutlicher Änderung**
  Das Landessozialgericht Berlin-Brandenburg hat entschieden, dass es sich beim Bescheid zur Pflegestufe um einen Verwaltungsakt mit Dauerwirkung handelt (§ 48 Abs. 1 Satz 1 SGB X). Das heißt, für die Aufhebung einer solchen Bewilligung muss eine wesentliche Änderung im Vergleich zum Zeitpunkt des Erlasses des Bescheides festgestellt werden. Um dies festzustellen, müssen die zum Zeitpunkt der Aufhebung des Bescheides

bestehenden tatsächlichen Verhältnisse mit denen, die zum Zeitpunkt der letzten Leistungsbewilligung vorlagen, verglichen werden. Aus Sicht der Richter liegt bei der Herabsetzung bzw. Aufhebung einer Pflegestufe keine wesentliche Änderung der Verhältnisse vor, nur weil in einem später eingeholten Gutachten der Zeitaufwand in der Grundpflege maßgeblich geringer eingeschätzt wurde als im Erstgutachten. In diesem Fall kommt es entscheidend darauf an, dass tatsächlich, beispielsweise im Gesundheitszustand des Pflegebedürftigen, Änderungen eingetreten sind (LSG Brandenburg, Urteil vom 20.01.2014, Az. L 27 P 47/13 B ER).

■ **Knapp vorbei ist nicht daneben**
Das Sozialgericht Münster hat entschieden, dass die Pflegestufe III nicht allein deshalb abgelehnt werden kann, weil nur wenige Minuten fehlen. Ein Gutachter hatte einen Pflegeaufwand von 232 Minuten ermittelt. Auf der Grundlage dieses Gutachtens verweigerte die Pflegekasse die Pflegestufe III. Das Gericht befand jedoch, dass eine „geringfügige Unterschreitung" der vorgegebenen Zeit um acht Minuten in diesem Fall nicht entscheidend ist. Die fehlenden acht Minuten sah das Gericht als eine „geringfügige Unterschreitung" an, die alleine nicht zum Scheitern der Pflegestufe führen dürfe. In diesem Urteil wurde auch die Kritik von Pflegewissenschaftlern und Praktikern berücksichtigt, die die zeitliche Bemessung des Pflegeaufwands in willkürlich festgelegten Minutenwerten kritisieren (SG Münster, Urteil vom 10.02.2012, Az. S 6 P 135/10).

5

Zusätzliches Betreuungsgeld nach § 45b SGB XI

Menschen mit einem besonderen Betreuungsbedarf können zusätzliche Betreuungsleistungen in Anspruch nehmen. Die Leistungen der Pflegekasse hierfür sind gestaffelt: Je nach Ausmaß der Einschränkung bzw. des Betreuungsbedarfs erhalten Versicherte 104 Euro monatlich (Grundbetrag) oder 208 Euro monatlich (erhöhter Betrag). Dazu empfiehlt der von der Pflegeversicherung beauftragte Gutachter der jeweiligen Pflegekasse anhand festgelegter Kriterien, ob ein Versicherter den Grundbetrag oder den erhöhten Betrag erhalten soll. Der Gutachter prüft dies anhand eines Kriterienkatalogs, in dem 13 Einzelaspekte aufgeführt sind, wie etwa:

■ unkontrolliertes Verlassen der Wohnung oder des Wohnbereichs

■ Verkennen oder Verursachen gefährdender Situationen

■ tätlich oder verbal aggressives Verhalten in Verkennung der Situation

Es müssen zwei Aspekte aus den unterschiedlichen Bereichen erfüllt sein, um Anspruch auf monatlich 104 Euro zu haben. Sind drei Aspekte – allerdings nur bestimmte – vorhanden, liegt ein „erhöhter Betreuungsbedarf" vor und der Versicherte erhält 208 Euro im Monat.

Das zusätzliche Betreuungsgeld wird nicht direkt an den Versicherten ausgezahlt. Es soll der Entlastung der Angehörigen dienen und ist deshalb zweckgebunden. Es soll nur für qualitätsgesicherte Betreuungs- und Entlastungsangebote eingesetzt werden. Dazu gehören die folgenden Angebote:

- Tages- oder Nachtpflege

- Kurzzeitpflege

- zugelassene Pflegedienste, wenn es sich um besondere Angebote der allgemeinen Anleitung und Betreuung und nicht um Leistungen der Grundpflege und hauswirtschaftlichen Versorgung handelt

- nach Landesrecht anerkannte niedrigschwellige Betreuungs- und Entlastungsdienste, die nach § 45c SGB XI gefördert oder förderungsfähig sind

Seit 2015 können auch Botengänge und haushaltsnahe Entlastungsdienste wie etwa der Einkauf über das zusätzliche Betreuungsgeld abgerechnet werden. Eine Besonderheit dieser Leistung ist, dass das monatliche Betreuungsgeld auch über das Jahr angespart werden kann, etwa um damit einen mehrtägigen Aufenthalt in einer Kurzzeitpflegeeinrichtung zu finanzieren. Der angesparte Betreuungsbetrag eines Kalenderjahres (Januar – Dezember) kann zusätzlich zu den Leistungen des Folgejahres jeweils bis zum 30.06. verbraucht werden. Wird das Geld aus dem Vorjahr nicht bis zum Stichtag verbraucht, verfällt es.

Beispiel:

Der Betreuungsbetrag von monatlich 104 Euro wird von Juni bis Dezember 2015 nicht abgerufen. Infolgedessen hat der Versicherte im Jahr 2016 bis zum 30.06. Anspruch auf 7 Monate x 104 Euro aus dem Jahr 2015 = 728 Euro plus die jeweils zustehenden 104 Euro monatlich des laufenden Jahres = 624 Euro. Insofern könnte der Versicherte bis zum 30.06.2015 qualitätsgesicherte Betreuungsleistungen in Höhe von 1.352 Euro in Anspruch nehmen. Für den Rest des Jahres blieben ihm weiterhin die monatlich 104 Euro erhalten.

Höhe der Leistungen aus der Pflegeversicherung

Die Leistungen der Pflegeversicherung sollen es dem Pflegebedürftigen ermöglichen, ein selbstbestimmtes Leben zu führen. Sie ist aber keine Vollversicherung, die alle Kosten der Pflegebedürftigkeit deckt. Es handelt sich lediglich um eine Grundsicherung. Mit den Leistungen der Pflegeversicherung können daher nur die notwendigsten unterstützenden Hilfeleistungen sichergestellt werden.

Die Leistungen werden als Geld- oder Sachleistungen erbracht, mit denen die Grundpflege, Betreuungsleistungen und hauswirtschaftliche Versorgung finanziert werden können.

Ein Grundsatz der Pflegeversicherung ist: ambulant vor stationär. Deshalb erhalten pflegende Angehörige auch spezielle Leistungen wie Pflegekurse, Beratung und eine soziale Absicherung, wie die Unfallversicherung und unter bestimmten Voraussetzungen auch Beiträge zur Rentenkasse.

Pflegebedürftige, die die Voraussetzungen einer Pflegestufe erfüllen, haben Anspruch auf einen festgelegten Leistungskatalog. Dazu zählen:

- Aufklärung und Beratung im Rahmen der Pflegeberatung und Pflegestützpunkte (§ 7 SGB XI)
- die häusliche Pflegehilfe (§ 36 SGB XI)
- das Pflegegeld für selbstbeschaffte Pflegehilfen (§ 37 SGB XI)
- die häusliche oder stationäre Pflege bei Verhinderung der Pflegeperson, die sogenannte Verhinderungspflege (§ 39 SGB XI)
- notwendige Pflegehilfsmittel und technische Hilfen (§ 40 SGB XI)
- Zuschüsse zur pflegegerechten Gestaltung des Wohnumfeldes des Pflegebedürftigen (§ 40 Abs. 4 SGB XI)
- Tages- und Nachtpflege (§ 41 SGB XI)
- Kurzzeitpflege (§ 42 SGB XI)
- vollstationäre Pflege (§ 43 SGB XI)
- die soziale Sicherung der Pflegeperson (§§ 44 und 44a SGB XI)
- zusätzliche Betreuungsleistungen bei eingeschränkter Alltagskompetenz (§ 45b SGB XI)
- kostenlose Pflegekurse für pflegende Angehörige und ehrenamtliche Pflegepersonen (§ 45 SGB XI)

5

Pflegegeld

Wenn Pflegebedürftige ihre notwendigen Hilfen zu Hause mit selbst beschafften Pflegepersonen organisieren, erhalten sie Pflegegeld. Das Pflegegeld ab 01.01.2015 beträgt in

- Stufe 0 = 123 Euro
- Stufe I = 244 Euro
- Stufe II = 458 Euro
- Stufe III = 728 Euro

Hinweis: Alle Pflegebedürftigen, die eine Pflegestufe nach dem SGB XI haben, erhalten zusätzlich zu den ihnen zustehenden Leistungen ein monatliches Betreuungsgeld von 104 Euro.

Für Personen mit **eingeschränkter Alltagskompetenz** erhöhen sich die Leistungsbeträge in Stufe I um zusätzliche 72 Euro auf 316 Euro und in Stufe II um 87 Euro auf 545 Euro.

Angehörige oder Bekannte, die die Pflege übernehmen, erhalten von der Pflegeversicherung eine soziale Absicherung. Sie gelten als „ehrenamtlich Pflegende" und sind während ihrer pflegerischen Tätigkeit unfallversichert. Ehrenamtlich pflegende Pflegepersonen, die die pflegebedürftige Person mindestens 14 Stunden wöchentlich betreuen, erhalten von der Pflegekasse des Pflegebedürftigen eine Beitragszahlung zur Rentenversicherung.

Um die 14 Wochenstunden zu erreichen, kann auch die Pflegezeit für mehrere Pflegebedürftige addiert werden. Es handelt sich dann um die sogenannte „Additionspflege".

5 Das Pflegegeld wird immer an den Pflegebedürftigen überwiesen. Dieser entscheidet, was er damit macht. Es muss aber auf alle Fälle sichergestellt sein, dass das Geld dazu verwendet wird, die erforderliche Grundpflege und hauswirtschaftliche Versorgung durch eine Pflegeperson in geeigneter Weise sicherzustellen.

 Wichtiges Urteil: Wem gehört das Pflegegeld?

Viele Leute denken, dass das Pflegegeld, das die Pflegekasse dem Versicherten zahlt, dem pflegenden Angehörigen zustehe. Das Landessozialgericht Bayern hat die Anspruchslage für Pflegegeld in einem Urteil klar gestellt: Die Leistungen (u.a. Pflegegeld) stehen dem Versicherten und nicht dessen Pflegeperson zu. Ein Antrag auf Zahlung des Pflegegeldes oder eine einstweilige Anordnung ohne die Einwilligung des Versicherten oder seines Bevollmächtigten oder Betreuers ist unzulässig.

Anders verhält es sich bei den Rentenversicherungsbeiträgen. Gibt es eine Auseinandersetzung mit der Pflegekasse bzgl. der Festsetzung der Versicherungspflicht in der gesetzlichen Rentenversicherung, kann die Pflegeperson auch ohne die Einwilligung des Versicherten oder seines Bevollmächtigten oder Betreuers Anträge stellen (LSG Bayern, Urteil vom 03.12.2012, Az. 2 P 65/12 B ER).

Pflegebedürftige mit der Pflegestufe I oder II müssen mindestens einmal halbjährlich, bei Pflegestufe III vierteljährlich einen anerkannten Pflegeberater oder einen ambulanten Pflegedienst kommen lassen. Damit soll erreicht werden, dass ehrenamtlich Pflegende mit der Pflegesituation nicht überfordert werden. Sie erhalten Beratung, Hilfestellung und Empfehlungen zu entlastenden Angeboten.

Der Beratende darf das Ergebnis nur mit dem Einverständnis des Pflegebedürftigen an die Pflegeversicherung weiterleiten. Dazu muss er über das Ergebnis des Besuchs informiert werden und gegebenenfalls eine Gegendarstellung formulieren können.

Pflegesachleistungen

Wenn die Hilfeleistungen von Pflegediensten ausgeführt werden, wird der Einsatz von den Pflegeversicherungen als sogenannte Pflegesachleistung bezahlt. Die Pflegesachleistungen werden vom eingesetzten Pflegedienst in der Regel direkt mit der Pflegekasse abgerechnet.

Die Sachleistungen betragen seit 01.01.2015 in

- Stufe 0   =   231 Euro
- Stufe I   =   468 Euro
- Stufe II   = 1.144 Euro
- Stufe III   = 1.612 Euro
- Stufe III + Härtefall = 1.995 Euro

Für Personen mit eingeschränkter Alltagskompetenz erhöhen sich die Beträge in Stufe I um zusätzliche 221 Euro auf 689 Euro und in Stufe II um 154 Euro auf 1.298 Euro.

Kombinationsleistungen

Pflegebedürftige können sich auch für Kombinationsleistungen nach § 38 SGB XI entscheiden. Wird die Pflegesachleistung durch den Einsatz des Pflegedienstes nicht ausgeschöpft, erhält der Pflegebedürftige anteilig das Pflegegeld ausgezahlt. Beratungseinsätze sind in diesem Fall nicht erforderlich.

Beispiel:

Die Pflegekasse berechnet, wie viel Prozent der Sachleistung ausgeschöpft wurde: Bei Pflegestufe II werden vom Pflegedienst 646,40 Euro von 1.144 Euro mit der Pflegekasse abgerechnet. Das sind 60 Prozent der Pflegesachleistung, die dem Pflegebedürftigen zustehen. Neben dieser Pflegesachleistung steht ihm ein Pflegegeld für selbst beschaffte Pflegepersonen von 458 Euro monatlich zu. Da er aber bereits 60 Prozent der Pflegesachleistung verbraucht hat, hat er nur noch Anspruch auf 40 Prozent des ihm zustehenden Pflegegeldes, also auf 183,20 Euro. Das Geld wird direkt an ihn ausgezahlt.

(Pflegesachleistung 1.144 Euro – 646,40 Euro = 497,60 Euro = 60 % von 1.144 Euro, Restgeld = 40 % berechnet vom Pflegegeld von 458 Euro = 183,20 Euro).

Das zum 01.01.2015 in Kraft getretene Pflegestärkungsgesetz erweitert die Kombinationsleistung. Jetzt können 40 Prozent der nach § 36 SGB XI bzw. § 123 SGB XI zustehenden Sachleistungsbeträge auch als niedrigschwellige Betreuungs- und Entlastungsangebote in Anspruch genommen werden. Dieser Anspruch besteht zusätzlich zu dem ohnehin bestehenden Anspruch auf das zusätzliche Betreuungsgeld.

Teilstationäre Pflege

Reicht die häusliche Pflege nicht mehr aus, kann die Pflege in einer teilstationären Einrichtung erfolgen. Für die teilstationäre Pflege, das ist die Tages- oder Nachtpflege, stehen eigene Leistungsbeträge zur Verfügung. Grundsätzlich kann der Pflegebedürftige seine Ansprüche auf Tages- und Nachtpflege, ambulante Pflege und Pflegegeld nach seiner Wahl miteinander kombinieren. Wenn er die Tagespflege in Verbindung mit Pflegegeld oder mit Pflegesachleistungen oder einer Kombination aus Pflegegeld und Pflegesachleistungen in Anspruch nimmt, erhöht sich sein Gesamtleistungsanspruch auf 200 Prozent.

Das heißt, selbst wenn der Pflegebedürftige das Sachleistungsbudget für die Tagespflege vollständig ausschöpft, stehen ihm noch einmal 100 Prozent der Pflegesachleistung oder 100 Prozent des Pflegegeldes zur Verfügung. Die Leistungsbeträge in der Tagespflege sind:

- Pflegestufe 0 bis zu 231 Euro,
- Pflegestufe I bis zu 468 Euro,
- Pflegestufe I bei Demenz bis zu 689 Euro
- Pflegestufe II bis zu 1.144 Euro
- Pflegestufe II bei Demenz bis zu 1.298 Euro und
- Pflegestufe III bis zu 1.612 Euro sowie in
- Härtefälle bis zu 1.995 Euro

Für die Tagespflege gilt eine Sonderregelung: Die Tagespflege kann ohne Anrechnung auf die Sachleistung bzw. das Pflegegeld in Anspruch genommen werden.

Vollstationäre Pflege

In der vollstationären Pflege werden für Grund- und Behandlungspflege sowie hauswirtschaftliche Versorgung Pauschalen, die alle Pflegeleistungen enthalten, direkt an die Einrichtung gezahlt. Unterkunft und Verpflegung muss der Heimbewohner aus eigenen Mitteln finanzieren. Ist dies nicht möglich, weil sein Einkommen und Vermögen zu gering ist, hat er Anspruch auf Sozialhilfe.

Die Leistungen der Pflegekasse bei einem Heimaufenthalt erfolgt in monatlichen Pauschalen:

- Pflegestufe I 1.064 Euro
- Pflegestufe II 1.330 Euro
- Pflegestufe III 1.612 Euro (in Härtefällen bis zu 1.995 Euro)

Grundsätzlich zahlt die Pflegekasse maximal 75 Prozent des individuellen Heimentgelts dazu. Zu den pflegebedingten Aufwendungen gehören nich nur die direkten pflegerischen Leistungen, sondern auch die Aufwendungen für soziale und die medizinische Betreuung.

5

Verhinderungspflege

Bei Krankheit oder Erholungsurlaub der Pflegeperson, aber auch in Krisensituationen werden die Kosten einer professionellen Ersatzpflegekraft für längstens 42 Tage im Jahr übernommen (bis zu 1.612 Euro pro Jahr). Wird die Pflege von einer Pflegekraft übernommen, die mit dem Pflegebedürftigen bis zum 2. Grad verwandt oder verschwägert ist oder mit ihm in häuslicher Gemeinschaft lebt und nicht erwerbsmäßig pflegt, übernimmt die Pflegekasse den Betrag in Höhe des Pflegegeldes der jeweiligen Pflegestufe sowie die nachgewiesenen zusätzlichen Aufwendungen, etwa Fahrkosten.

Voraussetzung für die Verhinderungspflege ist, dass die Pflegeperson den Pflegebedürftigen während mindestens sechs Monaten zu Hause gepflegt hat. Während der Verhinderungspflege zahlt die Pflegekasse die Hälfte des bis dahin bezogenen Pflegegeldes an den Pflegebedürftigen weiter.

Die Verhinderungspflege kann beispielsweise wegen einer stundenweisen Abwesenheit der Pflegeperson auch nur stundenweise, das heißt weniger als acht Stunden am Tag, genommen werden. In diesem Fall wird das Pflegegeld nicht gekürzt und es besteht keine Begrenzung auf 42 Tage im Jahr.

Die Verhinderungspflege kann um bis zu 806 Euro, das sind 50 Prozent des Leistungsbetrages der Kurzzeitpflege, auf insgesamt 2.418 Euro erhöht werden. Diese Möglichkeit besteht nur, wenn dieser Betrag noch nicht für die Kurzzeitpflege in Anspruch genommen wurde. Der für die Verhinderungspflege in Anspruch genommene Betrag wird auf den für den Kurzzeitpflege zustehenden Leistungsbetrag angerechnet.

Kurzzeitpflege

Kann die häusliche Pflege zeitweise nicht, noch nicht oder nicht im erforderlichen Umfang erbracht werden und reicht die teilstationäre Pflege nicht aus, besteht Anspruch auf Pflege in einer vollstationären Einrichtung (§ 42 SGB XI). Das kann bspw. im Anschluss an eine stationäre Behandlung des Pflegebedürftigen im Krankenhaus oder in sonstigen Krisensituationen, etwa bei Krankheit oder Urlaub der Pflegeperson, in denen vorübergehend häusliche oder teilstationäre Pflege nicht möglich ist, der Fall sein. Der Anspruch auf Kurzzeitpflege ist auf 28 Tage pro Kalenderjahr und maximal 1.612 Euro pro Jahr beschränkt. Während der Kurzzeitpflege erhalten die Versicherten die Hälfte des bis dahin bezogenen Pflegegeldes weiterhin ausgezahlt. Der Anspruch auf Kurzzeitpflege entsteht mit der Einstufung in eine Pflegestufe. Es besteht keine Wartezeit wie etwa bei der Verhinderungspflege. Die Kurzzeitpflege kann mit der Verhinderungspflege kombiniert werden.

Kostenerstattung für zum Verbrauch bestimmte Pflegehilfsmittel und technische Pflegehilfsmittel

Nach § 40 Abs. 2 SGB XI besteht ein Anspruch auf Erstattung der Kosten von zum Verbrauch bestimmten Pflegehilfsmitteln, wie beispielsweise Einmalhandschuhen oder Desinfektionsmittel. Die Pflegekasse zahlt für diese Mittel auf Antrag des Versicherten bis zu 40 Euro pro Monat. Eine ärztliche Verordnung ist nicht erforderlich.

Darüber hinaus besteht Anspruch auf technische Pflegehilfsmittel wie beispielsweise ein Pflegebett, Lagerungshilfen oder ein Notrufsystem.

Zu den Kosten für technische Pflegehilfen muss der Pflegebedürftige einen Eigenanteil von 10 Prozent, maximal jedoch 25 Euro zuzahlen. Größere technische Pflegehilfsmittel werden oft leihweise überlassen. In diesem Fall entfällt die Zuzahlungspflicht.

Wenn Rollstühle oder Gehhilfen ärztlich verordnet werden, tragen die Krankenkassen die Kosten. Die Leistungen der Krankenversicherungen gehen grundsätzliche denen der Pflegeversicherung vor. Deshalb sollte immer zuerst versucht werden, die Kosten mittels ärztlicher Verordnung erstattet zu bekommen.

Wohnungsanpassung

Neben den Pflegehilfsmitteln und den technischen Hilfsmitteln besteht ein Anspruch auf Zuschüsse zur Verbesserung des Wohnumfeldes. Bis zu 4.000 Euro zahlt die Pflegeversicherung unter bestimmten Voraussetzungen pro Gesamtmaßnahme, die das individuelle Wohnumfeld in Bezug auf die Pflegebedürftigkeit verbessert. Damit soll die Pflege und der möglichst lange Verbleib im häuslichen Umfeld gewährleistet werden. Der Zuschuss wird ohne Prüfung des Einkommens des Versicherten gewährt. Für den Versicherten wird somit kein Eigenanteil fällig. Leben mehrere Pflegebedürftige in der Wohnung, etwa in einer Wohngemeinschaft, so ist der Gesamtzuschuss auf 16.000 Euro begrenzt.

5

Ansprüche pflegender Angehöriger

Pflegekurse

Die Pflegekassen bieten für pflegende Angehörige und ehrenamtlich Pflegende kostenlose Kurse an, in denen Grundlagen der häuslichen Pflege erworben werden können. Diese Kurse vermitteln auch Kenntnisse über Rücken schonendes Arbeiten.

Darüber hinaus haben ehrenamtlich Pflegende Ansprch auf eine individuelle Einzelschulung in der Häuslichkeit des Pflegebedürftigen.

Rentenversicherung

Die Pflegeversicherung zahlt Beiträge zur Rentenversicherung, wenn der Pflegende mindestens 14 Stunden pro Woche pflegt und einer Beschäftigung von maximal 30 Stunden nachgeht. Es ist möglich, den wöchentlichen Pflegeaufwand für mehrere Pflegebedürftige zu addieren, um dadurch einen Anspruch auf die Rentenbeitragszahlung der Pflegeversicherung zu erlangen. Wer zum Beispiel zwei Pflegebedürftige, wie etwa ein pflegebedürftiges Ehepaar, die in die Pflegestufe I eingestuft sind, mit sechs und acht Stunden wöchentlich unterstützt, erhält dafür Rentenbeiträge. Die Höhe der Beiträge richtet sich nach der Pflegebedürftigkeit des Versicherten bzw. den sich daraus ergebenden Umfang der Pflege.

Praxis-Tipp:

Ehrenamtlich Pflegende unterliegen dem Schutz der gesetzlichen Unfallversicherung. Sie müssen keine Beiträge in die Unfallkasse zahlen und sich auch nicht extra anmelden. Bei einem Unfall melden sich Betroffene innerhalb von drei Tagen beim zuständigen Unfallversicherungsträger. Das ist immer die Unfallkasse der Gemeinde, wo die Pflege geleistet wird. Meist übernimmt der Arzt, der nach einem Unfall hinzugezogen wird, die Meldung.

Reha-Aufenthalt gemeinsam mit dem zu Pflegenden

Pflegende Angehörige tun sich schwer damit, etwas für sich selbst zu tun, etwa in Kur zu fahren. Bei Vorsorge- und Rehabilitationsmaßnahmen sind für die pflegenden Angehörigen deren besondere Belange zu berücksichtigen. Dazu gehört auch, dass pflegende Angehörige die Möglichkeit erhalten, zu ihrer eigenen Rehabilitationsmaßnahme den pflegebedürftigen Angehörigen mitzunehmen.

5

Das Pflegezeitgesetz

Nahe Angehörige von Pflegebedürftigen haben die Möglichkeit, eine sogenannte Pflegezeit nach dem Pflegezeitgesetz (PflegeZG) in Anspruch zu nehmen.

Beispiel:

Herr Klausen hatte einen Schlaganfall. Die Ärzte erklären seinem Sohn, dass Herr Klausen zwar bald aus dem Krankenhaus entlassen werden soll, aber er alleine in seiner Wohnung wohl nicht mehr zurechtkommen werde. Herr Klausen jun. ist berufstätig und fragt sich, wie er all die anstehenden Dinge für seinen Vater organisieren soll. Zudem möchte er ihn gerade am Anfang nicht einfach nur an einen Pflegedienst abgeben. Am liebsten wäre er in den ersten Tagen ganz für seinen Vater da. So würde sich dieser sicher auch schneller an die neue Situation gewöhnen. Herr Klausen jun. braucht also eine kurze berufliche Auszeit um sich um seinen plötzlich pflegebedürftig gewordenen Vater zu kümmern.

Das PflegeZG gilt für abhängig Beschäftigte, deren naher Angehöriger plötzlich pflegebedürftig wird. Alle Arbeitnehmer haben bei einer akut aufgetretenen Pflegebedürftigkeit eines nahen Angehörigen nach § 2 PflegeZG Anspruch darauf, ihrer Arbeit bis zu 10 Tagen fernzubleiben, um eine bedarfsgerechte Pflege zu organisieren oder diese während dieser Zeit selbst sicherzustellen.

Diese Pflegeauszeit nennt sich im Gesetz „kurzzeitige Arbeitsverhinderung". Wer sie in Anspruch nehmen möchte bzw. muss, muss dies seinem Arbeitgeber unverzüglich mittteilen. Neben dem Wunsch nach der kurzzeitigen Pflegeauszeit muss der Beschäftigte auch die Dauer seiner kurzzeitigen Verhinderung angeben. In den 10 Tagen der kurzzeitigen Arbeitsverhinderung können die wichtigsten Angelegenheiten, wie etwa Antragstellung und Gespräche mit Pflege- und Betreuungsdiensten geregelt werden.

Wenn ein Arbeitgeber mehr als 15 Mitarbeiter beschäftigt, können die Mitarbeiter pflegebedingt sogar eine bis zu sechs Monate dauernde Freistellung nach § 3 PflegeZG in Anspruch nehmen. Sinn dieser Pflegezeit ist nicht nur die Organisation der Pflege, sondern die Möglichkeit für den Arbeitnehmer, die Pflege des nahen Angehörigen selbst zu übernehmen. Dabei kann der Angestellte zwischen einer vollständigen oder teilweisen Freistellung wählen. In welchem Umfang er die Arbeitszeit wegen der Pflege reduzieren möchte, entscheidet der Arbeitnehmer allein. Für jeden zu pflegenden nahen Angehörigen besteht ein Anspruch auf eine Pflegezeit von maximal sechs Monaten.

5

Pflegezeit in Kürze

- Pflegezeit ist nur bei Pflegebedürftigkeit naher Angehöriger möglich. Zu den nahen Angehörigen zählen Eltern, Großeltern, Schwiegereltern, Ehegatten, Lebenspartner oder Partner in einer eheähnlichen Gemeinschaft,Geschwister, Kinder, Adoptiv- und Pflegekinder.

- Es muss ein Nachweis über die Pflegebedürftigkeit vorliegen (z. B. der Einstufungsbescheid der Pflegekasse oder ein ärztliches Attest).

- Bei der 6-monatigen Pflegezeit muss der Arbeitnehmer eine Ankündigungsfrist von mindestens 10 Tagen einhalten.

- Für die kurzzeitige Arbeitsverhinderung nach § 2 PflegeZG (auch bei einer 450-Euro-Beschäftigung) gilt, dass der pflegende Angehörige Anspruch auf einen Ausgleich für entgangenes Arbeitsentgelt, das sogenannte Pflegeunterstützungsgeld, für bis zu 10 Arbeitstage (§ 44a Abs. 3 SGB XI) hat.

- Das Pflegeunterstützungsgeld wird auf Antrag, der unverzüglich gestellt werden muss, unter Vorlage einer ärztlichen Bescheinigung von der Pflegekasse des Pflegebedürftigen gewährt. Für die Höhe des Pflegeunterstützungsgeldes gilt § 45 Absatz 2 Satz 3 bis 5 SGB V entsprechend, das heißt, die Leistung wird in Höhe der Leistung des Kinderkrankengeldes gewährt.

- Die Pflegezeit von bis zu sechs Monaten kann auch als Teilzeit genommen werden; in diesem Fall besteht kein Anspruch auf eine Lohnfortzahlung oder Pflegeunterstützungsgeld. Allerdings besteht die Möglichkeit, für diese Zeit beim Bundesamt für Familie und zivilgesellschaftliche Aufgaben ein zinsloses Darlehen zur Finanzierung des eigenen Unterhaltes zu beantragen. Das Darlehen wird dann in monatlichen Raten ausgezahlt – wie ein Gehalt.

- Ist der nahe Angehörige nicht mehr pflegebedürftig oder die Pflege für den Pflegezeitnehmer unzumutbar geworden oder wurde die Pflege von einer Einrichtung oder einem Pflegedienst übernommen, endet die Pflegezeit automatisch vier Wochen nach Eintritt der veränderten Umstände.

- Aus anderen Gründen darf der pflegende Angehörige die Pflegezeit nur vorzeitig beenden, wenn der Arbeitgeber zustimmt; einen Anspruch auf diese Zustimmung hat der Beschäftigte nicht.

- Der gesetzliche oder tarifliche Urlaubsanspruch des Arbeitnehmers wird von der Pflegezeit nicht berührt. Das heißt, dem pflegenden Angehörigen steht sein vollständiger Urlaubsanspruch zu. Es dürfen keine Abzüge wegen der Pflegezeit vorgenommen werden.

- Während der Pflegezeit ist der Beschäftigte unkündbar.

- Mehrmalige Pflegezeiten sind nur bei unterschiedlichen nahen Angehörigen möglich.

Familienpflegezeit

Die Familienpflegezeit kann für 24 Monate - ähnlich der Elternteilzeit beansprucht werden. Voraussetzung ist jedoch, dass das Unternehmen, in dem der Pflegewillige arbeitet, mindestens 25 Arbeitnehmer hat.

Der Arbeitnehmer muss bei der Familienpflegezeit mindestens 15 Stunden wöchentlich arbeiten. Da sich mit der verkürzten Arbeitszeit ein geringerer Verdienst einhergeht, kann der pflegende Angehörige auch hier ein zinsloses Darlehen beantragen.

Auf die Familienpflegezeit besteht ein Rechtsanspruch, wenn der Arbeitgeber mindestens 25 Arbeitnehmer beschäftigt und der Pflegebedürftige mindestens die Pflegestufe I hat.

Wichtig: Wer die Familienpflegezeit in Anspruch nehmen möchte, kann die 6-monatige Pflegezeit nicht nutzen.

Erbrecht

6

Ohne Testierfähigkeit kein wirksames Testament

Jeder Mensch hat das Recht, seinen letzten Willen schriftlich in einem Testament festzulegen. Er kann jede ihm beliebige Person, Organisation oder Stiftung zu seinem Erben bestimmen. Liegt kein Testament vor, dann tritt die gesetzliche Erbfolge ein. Das heißt, dass Verwandte des Verstorbenen, dem Erblasser, Erben werden. Dabei wird eine gesetzlich festgelegte Hierarchie, die sogenannte Erbfolge, eingehalten. Familienangehörige, die nicht direkt mit dem Erblasser verwandt, das heißt, nur verschwägert oder angeheiratet sind, sind keine gesetzlichen Erben.

Neben den Verwandten des Erblassers gehört auch sein Ehepartner zu den gesetzlichen Erben. Wenn keine gesetzlichen Erben vorhanden sind und kein Testament des Erblassers vorliegt bzw. das vorhandene Testament unwirksam ist, erbt der Staat. Das kommt allerdings selten vor, denn irgendwelche Verwandten, seien sie noch so entfernt, finden sich fast immer. Nichtsdestotrotz haben die meisten Menschen kein Interesse daran, dass irgendein entfernter Verwandter erbt, mit dem sie womöglich zeitlebens nichts zu tun hatten. Deshalb empfiehlt es sich bei vorhandenem Vermögen, per Testament seinen Nachlass den Wunscherben zukommen zu lassen. Hinzu kommt, dass die Erbschaft in vielen Fällen dazu dient, hinterbliebene nahe Angehörige finanziell abzusichern.

Als Pflegefachkraft werden Sie allerdings häufig mit dem Problem konfrontiert, dass Patienten unter Umständen nicht mehr testierfähig sind. Darauf kommt es aber an, wenn es darum geht, ein rechtsgültiges Testament abzufassen.

Die Fähigkeit, ein Testament abzufassen, wird von Juristen „Testierfähigkeit" genannt. Die Testierfähigkeit eines Volljährigen geht laut § 2229 Abs. 4 BGB nur dann verloren, wenn eine krankhafte Störung der Geistestätigkeit, Geistesschwäche oder eine Bewusstseinsstörung dazu führt, dass der Betroffene die Bedeutung seiner Willenserklärung nicht mehr begreift und infolgedessen auch nicht mehr danach handeln kann. Anwälte und Richter gehen davon aus, dass eine geistige Störung, die die Testierfähigkeit aufhebt, eine Ausnahme ist.

Wichtiges Urteil: Testierunfähigkeit muss nachgewiesen werden

Das Bayerische Oberlandesgericht hat ausdrücklich entschieden, dass ein Erblasser so lange als testierfähig anzusehen ist, solange die Testierunfähigkeit nicht mit Gewissheit nachgewiesen ist (OLG München, Urteil vom 07.09.2004, Az. 1Z BR 073/04).

Wird bei einer Testamentseröffnung zum Beispiel unterstellt, dass der Erblasser zum Zeitpunkt der Testamentserstellung nicht mehr testierfähig war, muss das derjenige, der diese Behauptung aufstellt, nachweisen. Der Nachweis, dass jemand zum Zeitpunkt seiner Testamentserstellung nicht mehr testierfähig war, ist im Nachhinein aber nur schwer zu erbringen. Selbst wenn der Erblasser aufgrund einer Demenzerkrankung eigentlich als testierunfähig gilt, kann er in einem „lichten Moment" ein wirksames Testament errichten.

Übersicht: Wann Testierfähigkeit besteht	
Testierfähig	**Nicht mehr testierfähig**
Der Erblasser ist geistig gesund oder leidet höchstens an einer beginnenden Demenz.	Der Erblasser leidet an einer Erkrankung, die das Urteilsvermögen einschränkt, wie etwa einer mittleren bis schweren Demenz.
Der Testierende kann die Gründe für oder gegen seine Verfügung abwägen und sich ein klares Urteil bilden. Zudem ist er in der Lage einen freien Entschluss ohne die Einwirkung Dritter zu fassen.	Der Testierende ist nicht mehr in der Lage, bei einer Entscheidung Für und Wider abzuwägen. Er ist stark beeinflussbar und tut immer das, was ihm gesagt wird.
Der Testierende ist geschäftsfähig, das heißt, er kann die Konsequenzen seines Handelns einschätzen und überblicken.	Der Testierende kann die Konsequenzen seiner Entscheidung nicht mehr erfassen und/oder realistisch beurteilen. Ein Arzt hat die Geschäftsunfähigkeit attestiert.

6

Die gesetzliche Erbfolge, wenn kein Testament vorhanden ist

Die gesetzliche Erbfolge regelt, wer vor wem erbt, wenn kein Testament vorliegt. Es handelt sich dabei um ein Ordnungssystem, das dem Prinzip folgt, dass nahe Verwandte vor entfernteren Verwandten erben:

- **Erben 1. Ordnung**
  sind die direkten Abkömmlinge des Erblassers, das heißt, seine Kinder, Enkelkinder und Urenkel.

  Gibt es eine Person, die zu dieser Gruppe der Erben gehört, sind die Verwandten der nachfolgenden Erbordnung nicht erbberechtigt. Auch innerhalb dieser Ordnungsgruppe besteht eine Rangfolge: Es erben immer erst die Abkömmlinge in direkter Nachfolge, also die Kinder des Erblassers. Sind diese verstorben, erben die Enkel und Urenkel.

- **Erben 2. Ordnung**
  Das sind die Eltern des Erblassers, seine Geschwister und deren Kinder. Die Geschwister und deren Kinder sind „nachrangige" Angehörige und haben nur dann ein Erbrecht, wenn die Eltern des Erblassers bereits gestorben sind. Und natürlich sind die Verwandten der 2. Ordnung nur dann erbberechtigt, wenn es keine Verwandten der 1. Ordnung gibt.

- **Erben 3. Ordnung**
  sind die Großeltern, Onkel, Tanten, Cousinen

  Die Verwandten dieser Ordnung treten in die Erbfolge ein, wenn es keine Verwandten der vorherigen Ordnung gibt.

- **Der Ehepartner oder eingetragene Lebenspartner**
  ist eine Besonderheit des Erbrechts. Weil der Ehepartner nicht mit dem Erblasser verwandt ist, wurde er auch nicht in das Ordnungssystem einbezogen. Dennoch gehört er bei Eintritt der gesetzlichen Erbfolge immer zu den erbberechtigten Personen. Die Höhe seines Erbteils richtet sich danach, welcher Ordnung die erbberechtigten Verwandten des Erblassers angehören. Der Ehepartner des Erblassers erbt von dessen Vermögen

  - neben den Erben der 1. Ordnung ¼
  - neben den Erben der 2. Ordnung ½ und
  - neben den Erben der 3. Ordnung ½

- Wurde zwischen den Eheleuten kein Ehevertrag geschlossen, leben die Eheleute im Güterstand der Zugewinngemeinschaft im Gegensatz zur Gütertrennung oder noch selteneren Gütergemeinschaft. In diesem Fall geht der Gesetzgeber davon aus, dass das erwirtschaftete Vermögen den Eheleuten jeweils zur Hälfte gehört. Diese Zugewinngemeinschaft wird mit dem Tod des Erblassers aufgelöst. Um den Zugewinn erbrechtlich auszugleichen, erhöht sich der Erbteil des überlebenden Ehepartners pauschal um ein Viertel des Nachlasses des Verstorbenen. Ihm stehen dann von Gesetzes wegen insgesamt zu:

  - neben den Erben der 1. Ordnung ½ des Erbes
  - neben den Erben der 2. Ordnung und den Großeltern ¾ des Erbes

Wichtig: Im deutschen Erbrecht gehen nahe Familienangehörige nicht leer aus. Auch enterbten Familienangehörigen, wie etwa den Kindern des Erblassers, steht durch den sogenannten Pflichtteilsanspruch ein Anteil an der Erbschaft zu. Dieser entspricht der Hälfte des gesetzlichen Erbanspruchs.

Die Erbschaft umfasst alle vermögensrechtlichen Positionen des Verstorbenen. Dazu gehören auch Schulden. Möchte ein Erbe die Erbschaft nicht annehmen, weil der Erblasser beispielsweise überwiegend Schulden hinterlässt, kann er die Erbschaft innerhalb von sechs Wochen, nachdem er vom Tod des Erblassers erfahren hat, „ausschlagen". Die Ausschlagung betrifft immer alle Vermögenswerte. Das heißt, es ist nicht möglich, nur die Schulden des Erblassers auszuschlagen.

Rechtliche Voraussetzungen für ein wirksames Testament

Ein Testament muss bestimmte Voraussetzungen erfüllen, damit es rechtsgültig ist. Wenn diese nicht beachtet werden, ist das Testament unwirksam und die gesetzliche Erbfolge tritt wie oben beschrieben ein. Gerichte urteilen hier äußerst streng. Das kann gerade bei kinderlosen Ehepaaren dazu führen, dass Geschwister des Verstorbenen miterben. Deshalb sollten testierwillige Erblasser unbedingt darauf achten, dass die nachfolgend aufgezählten erforderlichen Formalien eingehalten werden:

6

- Das eigenhändige Testament muss vom Erblasser persönlich, das heißt handschriftlich geschrieben und unterschrieben sein. Ein am Computer geschriebenes Testament, das vom Erblasser bloß eigenhändig unterschrieben worden ist, ist unwirksam! Es ist auch unwirksam, wenn ihm beim Schreiben die Hand geführt worden ist. Alternativ kann das Testament als Niederschrift eines Notars errichtet werden, was zum Beispiel bei schreibunfähigen Patienten, etwa nach einem Schlaganfall, unerlässlich ist.

- Es muss Datum und Ort der Erstellung enthalten. Auf Schönheit kommt es dagegen nicht an. Es kann auf beliebigem Papier niedergeschrieben werden. Ein Umschlag ist nicht erforderlich.

- Das Testament sollte als solches benannt sein, beispielsweise durch die Überschrift „Testament" oder „Letzter Wille". Das ist zwar nicht zwingend vorgeschrieben, macht es aber allen Beteiligten leichter, die Wichtigkeit dieses Dokuments zu erkennen.

- Ehepartner und eingetragene Lebenspartner können ein gemeinsames Testament abfassen. In diesem Fall gelten erleichterte Anforderungen an die Form des Testaments. Es ist dann beispielsweise erlaubt, dass ein Ehepartner das Testament für beide handschriftlich aufschreibt. Es genügt, wenn der andere Ehepartner die Niederschrift mit unterschreibt. Das kann gerade bei Patienten von praktischer Bedeutung sein, die nicht mehr in der Lage sind, einen längeren Text abzufassen.

Wichtig: Nur Ehepaare und eingetragene Lebenspartner dürfen ein gemeinschaftliches Testament verfassen. Nichteheliche Lebenspartner können nur Einzeltestamente abfassen.

- Der Erblasser darf zum Zeitpunkt der Testamentserstellung nicht testierunfähig sein. Testierunfähig ist er, wenn er nicht im Besitz seiner geistigen Kräfte ist und die Folgen seines Handelns nicht mehr beurteilen kann. In diesem Fall kann das Testament angefochten werden. Ebenfalls anfechtbar ist ein Testament, wenn der Erblasser zur Abfassung des Testaments gezwungen wurde.

6

Praxis-Tipp:

Um auf Nummer sicher zu gehen und die Anfechtbarkeit des Testaments auszuschließen, sollte ein Arzt bestätigen, dass der Erblasser testierfähig ist.

Das Nottestament

In besonderen Situationen, in denen nicht einmal mehr die Möglichkeit besteht, einen Notar zu rufen, kann ausnahmsweise ein Nottestament errichtet werden. So ist es zum Beispiel möglich, in Fällen größter Todesgefahr ein sogenanntes Drei-Zeugen-Testament zu machen.

Hier genügt die Erklärung gegenüber drei anwesenden Zeugen. Das können in einem Krankenhaus oder Pflegeheim ein Arzt und zwei Pfleger sein. Aus verständlichen Gründen darf hier nicht mitwirken, wer durch die letztwillige Verfügung begünstigt wird.

Wichtig: Ein Nottestament muss so früh wie möglich nach der mündlichen Erklärung des Erblassers niedergeschrieben und von den drei Zeugen unterschrieben werden. Der Erblasser sollte nach Möglichkeit auch unterschreiben. Kann er das nicht mehr, ist hierüber ein Vermerk anzufertigen. Der Text ist dem Erblasser wortwörtlich vorzulesen(!) und von ihm zu genehmigen. Eine bloß inhaltliche Wiedergabe des Textes reicht nicht. In diesem Fall ist das Nottestament unwirksam.

Überlebt der Erblasser, verliert das Testament nicht sofort seine Gültigkeit. Das geschieht automatisch erst nach drei Monaten. Die Frist beginnt zu laufen, wenn der Erblasser wieder in der Lage ist, ein Testament zu machen.

Vielleicht haben Sie auch schon einmal von einem Bürgermeistertestament oder Seetestament gehört. Hier gelten im Prinzp dieselben Grundsätze wie beim Nottestament.

Wenn der Pfleger oder das Heim erben sollen

Pflegebedürftige Menschen haben meist ein enges Verhältnis zu ihren Pflegern. Sie berücksichtigen ihre Helfer dadurch oft in den Testamenten. Jedoch darf nicht jeder Pfleger erben. So sieht es das Heimrecht vor. Betroffen sind Erbschaften von Hilfebedürftigen zugunsten von Pflegepersonal, wenn die Hilfebedürftigen in Senioren- oder Pflegeheimen leben.

6

Was gilt in Heimen?

Der Gesetzgeber hat ausdrücklich geregelt, dass die Träger und Mitarbeiter in diesen Einrichtungen nicht als Erben oder Vermächtnisnehmer eingesetzt werden dürfen. Dadurch will der Staat verhindern, dass Pflegebedürftige von betrügerischen Pflegern unter Druck gesetzt werden könnten. Auch könnten sich finanziell besser gestellte Heimbewohner ohne das Gesetz eine vorteilhaftere Behandlung oder gar einen Heimplatz sichern, indem sie Pfleger oder andere Angestellte bezahlen oder bestechen.

Anders sieht es aus, wenn die Heimleitung und deren Mitarbeiter nichts von einer möglichen Erbschaft wissen. Hier wirkt das Verbot nicht, da kein Verdacht auf Bestechlichkeit im Raum steht. Tritt dieser Fall ein, ist die Erbschaft jedoch noch nicht sicher. Der Mitarbeiter des Heimes darf das Erbe nicht ohne Weiteres antreten. Denn die Arbeitsverträge des Pflegepersonals beinhalten oft Klauseln, die eine Zuwendung nicht erlauben. In diesen Fällen müssen die Mitarbeiter mit der Heimleitung sprechen. Verstößt ein Mitarbeiter gegen arbeitsvertragliche Regelungen, indem er das Erbe trotz entgegengesetzter Vorschriften antritt, stellt dies einen Kündigungsgrund dar.

In Einzelfällen kann das generelle Verbot jedoch aufgehoben werden. Die Heimaufsichtsbehörde ist dazu berechtigt. Dazu darf jedoch noch kein Testament aufgesetzt worden sein.

Fazit: Das Heimgesetz verbietet es dem Pflegepersonal Geld oder geldwerte Leistungen, die über das Gehalt hinausgehen, anzunehmen. Betroffen sind nicht nur die Pflegekräfte und die Heimleitung, sondern auch deren Familienmitglieder. Ausgenommen von dem generellen Verbot sind geringfügige Aufmerksamkeiten des Hilfebedürftigen.

Was gilt für ambulante Pflegedienste?

Das Heimgesetz gilt nicht für Mitarbeiter von ambulanten Pflegediensten. Der Pflegebedürftige kann die Pflegekräfte in sein Testament aufnehmen, da bei einem ambulanten Pflegedienst kein Abhängigkeitsverhältnis besteht, wie in einem Heim. Vorsicht ist dennoch für beide Seiten geboten. Die Pflegekraft kann die Hilfsbedürftigkeit des Patienten finanziell ausnutzen.

Aber auch ein Erbschaftsantritt durch die Mitarbeiter ist nicht ohne Weiteres möglich. Viele Mitarbeiter von ambulanten Pflegediensten dürfen laut ihrem Arbeitsvertrag keine zusätzlichen Gelder von Pflegebedürftigen annehmen. Will jedoch der zu pflegende Erblasser unbedingt der Pflegekraft etwas hinterlassen, sollte er dies vorher mit deren Arbeitgeber absprechen.

Praxis-Tipp:

Menschen, die auf Pflege angewiesen sind und ihr Erbe der Pflegekraft hinterlassen möchten, sollten mit einem Rechtsanwalt oder Notar die rechtlichen Gegebenheiten vorab klären. Andernfalls besteht die Gefahr, dass das Testament nach dem Tod des Erblassers angefochten und für ungültig erklärt wird. In diesem Fall tritt die gesetzliche Erbfolge ein. Das ist genau das, was der Erblasser mit seinem Testament eigentlich vermeiden wollte.

Elternunterhalt

7

Kinder haften für ihre Eltern

Angesichts der steigenden Kosten, die ein Pflegeheimaufenthalt mit sich bringt, reichen die Altersversorgung und die Leistungen aus der Pflegeversicherung in vielen Fällen nicht aus. In diesen Fällen springt zunächst der Träger der Sozialversicherung ein, um die Deckungslücke zu schließen. Allerdings wird der Träger der Sozialhilfe versuchen, dieses Geld bei den Kindern des Hilfeempfängers zurückzuholen, soweit diese leistungsfähig sind.

Entziehen kann man sich dieser grundsätzlichen Unterhaltspflicht nicht ohne Weiteres. Denn wenn das Sozialamt für einen unterhaltsbedürftigen Elternteil einspringt, geht der Unterhaltsanspruch des Elternteils gegen das Kind nach § 94 Abs. 1 SGB XII auf den Träger der Sozialhilfe über.

Wichtig: Der Anspruchsübergang erfolgt nicht im Verhältnis zu Enkelkindern, selbst wenn die eigenen Kinder wirtschaftlich nicht in der Lage sind, ihre Eltern zu unterstützen (§ 94 Abs. 1 Satz 3 SGB XII). Ob tatsächlich und in welcher Höhe ein Unterhaltsanspruch gegen die erwachsenen Eltern besteht, hängt vom Einzelfall ab.

Voraussetzungen des Anspruchs

Die Voraussetzungen eines Unterhaltsanspruchs der Eltern gegen die Kinder sind in der Praxis deutlich enger gefasst als für den Unterhaltsanspruch der Kinder gegenüber den Eltern. Dies liegt daran, dass sich, anders als die Eltern, wenn sich diese ein Kind wünschen, die Kinder auf eine Unterhaltsleistung ihrer Eltern nicht eingestellt haben und darüber hinaus durch Sozialabgaben und Steuern ohnehin bereits umfangreich zur Finanzierung der älteren Generation beitragen (BVerfG, Urteil vom 07.06.2005, Az. 1 BvR 1508/96).

Das heißt, erwachsene Kinder haben gegenüber ihren Eltern keine gesteigerte Unterhaltspflicht. Diese ist nachrangig gegenüber den Unterhaltsansprüchen von Ehegatten und minderjährigen sowie volljährigen Kindern.

Vermögen und eigene Einkünfte müssen zuerst verbraucht werden

Unterhaltsbedürftige Eltern müssen zunächst ihr Vermögen und alle infrage kommenden Einkünfte wie Renten, Pensionen, Mieteinnahmen, Zinseinkünfte etc., aber auch Unterhaltsansprüche gegen geschiedenen Ehepartner ausschöpfen.

7

Einen Teil der Pflegekosten decken die Leistungen der Pflegeversicherung ab. Wie hoch diese im Einzelfall je nach Pflegestufe sind, erfahren Sie in Kapitel 5.

Darüber hinaus ist vorhandenes verwertbares Vermögen zuerst zu verwenden. Ansprüche auf Grundsicherung müssen ebenfalls vorrangig geltend gemacht werden.

Praxis-Tipp:

In den Ländern Mecklenburg-Vorpommern, Nordrhein-Westfalen und Schleswig-Holstein wird bei einem Vermögen von maximal 10.000 Euro zur Deckung der vom Heim erhobenen Investitionskosten ein sogenanntes Pflegewohngeld gezahlt. Den Antrag stellt das Pflegeheim.

Vorhandenes Vermögen muss aufgebraucht werden

Neben dem Einkommen müssen Eltern auch ihr Vermögen zur Deckung der Heimkosten einsetzen.

Barvermögen

Beim Barvermögen darf allerdings ein Notgroschen von derzeit 2.600 Euro zurückbehalten werden. Bei Verheirateten erhöht sich der geschützte Betrag um 614 Euro auf gemeinsame 3.214 Euro.

Sogar ein Bestattungsvertrag muss in Anspruch genommen werden, soweit er die Grenze für eine angemessene Bestattung überschreitet (z. B. SG Dortmund, Urteil vom 13.02.2009, Az. S 47 SU 188/06). Im entschiedenen Fall betrug die Versicherungssumme 8.000 Euro. Das Gericht begrenzte die Kosten für eine angemessene Beerdigung auf 3.500 Euro. Die Regelungen für den Heimatort des Bewohners können Sie beim zuständigen Sozialamt erfragen.

Immobilienvermögen

Lebt nur noch ein Elternteil, der in einem Pflegeheim untergebracht werden muss, besteht grundsätzlich die Verpflichtung, vorhandenes Immobilienvermögen zu verwerten. Leben dagegen noch beide Elternteile und ist nur ein Elternteil im Heim untergebracht, während der andere im Haus oder der Eigentumswohnung zurückbleibt, verlangen die Sozialämter in der Regel nicht den Verkauf der Immobilie.

Selbst wenn die Wohnung sozialhilferechtlich betrachtet für eine einzelne Person eigentlich zu groß ist, gewährt die Behörde in diesem Fall die Kostenübernahme als Darlehen und lässt sich zur Absicherung des Darlehens eine entsprechende Grundschuld eintragen.

Verschenktes Vermögen

Hier besteht ein Rückforderungsanspruch wegen Verarmung des Schenkers (§ 528 BGB). Das heißt, wenn Eltern die Heimkosten nicht aus ihrem eigenen Einkommen oder Vermögen decken können, müssen sie grundsätzlich Schenkungen der letzten zehn Jahre zurückfordern.

Anstandsschenkungen wie zum Beispiel Geburtstags-, Hochzeits- und Jubiläumsgeschenke müssen nicht zurückerstattet werden. Geschenke über 500 Euro liegen über der Anstandsgrenze. Auch hier gilt die 10-Jahres-Grenze.

Erst wenn alle eigenen finanziellen Möglichkeiten der Eltern erschöpft sind, kann das Sozialamt an die erwachsenen Kinder herantreten. Und das natürlich auch nur, wenn die Kinder wirtschaftlich überhaupt in der Lage sind, ihre Eltern zu unterstützen. Um das festzustellen, verlangt die Behörde Auskunft über die Einkommens- und Vermögensverhältnisse der Kinder.

7

Unterhaltsberechnung

Schritt 1: Ermittlung des zur Verfügung stehenden Einkommens

Bei der Berechnung des Unterhaltsumfangs wird zunächst von den Einkünften des Unterhaltsschuldners ausgegangen. Maßgebend sind dabei die Nettoeinkünfte. Davon werden berufsbedingte Aufwendungen, wie etwa Fahrtkosten oder Dienstkleidung, abgezogen. Auch Verbindlichkeiten, die der Unterhaltsschuldner ohne Kenntnis seiner Unterhaltspflicht eingegangen ist, mindern das Einkommen.

Selbst nachträglich eingegangene Verbindlichkeiten für notwendige Anschaffungen wie zum Beispiel ein neues Auto dürfen abgezogen werden. Das gilt auch für Rücklagen zum Kauf eines notwendigen Autos.

Praxis-Tipp:

Einkommensmindernd anerkannt werden auch die Kosten, die dem Unterhaltpflichtigen für Fahrten zum Pflegeheim entstehen (BGH, Urteil vom 17.12.2012, Az. XII ZR 17/11). Sind diese bislang nicht berücksichtigt worden, sollten Betroffene Zuvielzahlungen an das Sozialamt mit Verweis auf die einschlägige höchstrichterliche Rechtsprechung zurückverlangen.

Wichtig: Selbst wer über kein eigenes Einkommen verfügt, aber verheiratet ist, hat in der Regel einen Taschengeldanspruch gegenüber dem unterhaltspflichtigen Ehepartner – und zwar in Höhe von fünf Prozent von dessen Nettoeinkommen. Gleichzeitig hat die unterhaltspflichtige Person einen Anspruch auf einen Selbstbehalt von derzeit 1.800 Euro monatlich. Unangetastet bleibt das Taschengeld jedoch in Höhe eines Betrags von fünf bis sieben Prozent des Mindestselbstbehalts des Unterhaltspflichtigen sowie in Höhe etwa der Hälfte des darüber hinausgehenden Taschengeldes (BGH, Urteil vom 12.12.2012, Az. XII ZR 43/11) (vgl. Schritt 4 unten).

Schritt 2: Aufwendungen für Alterssicherung abziehen

7

Zusätzlich kann der Unterhaltspflichtige monatlich fünf Prozent seines Bruttogehalts für die eigene Altersvorsorge zurücklegen. Vermögen – auch Lebensversicherungen – müssen bis zu dieser Höhe ebenfalls nicht für den Elternunterhalt eingesetzt werden. Die Rücklagen von fünf Prozent gelten für die gesamte Dauer der Berufstätigkeit.

Schritt 3: Abzug der vorrangigen Unterhaltsverpflichtungen und des eigenen Bedarfs

Unterhalt für minderjährige Kinder hat absoluten Vorrang

Der Kindesunterhalt wird ebenfalls abgezogen, soweit noch unterhaltsberechtigte Kinder zu versorgen sind. Die jeweiligen Unterhaltsbeträge, die hier abgezogen werden, ergeben sich aus der jeweils aktuellen Düsseldorfer Tabelle.

Praxis-Tipp:

Die aktuelle Düsseldorfer Tabelle mit weiteren Erläuterungen finden Sie im Internet auf der Seite des OLG Düsseldorf unter: www.olg-duesseldorf.nrw.de/infos/Duesseldorfer_tabelle

Der eigene und der Unterhalt des Ehepartners gehen ebenfalls vor

Der Mindestselbstbehalt des unterhaltspflichtigen Kindes gegenüber Vater oder Mutter beläuft sich seit 01.01.2015 auf 1.800 Euro monatlich. Liegen die Einkünfte des Ehepaares darunter, entfällt die Unterhaltspflicht ganz. Das heißt, nur der den eigenen Bedarf übersteigende Teil des Einkommens darf überhaupt zu Unterhaltszwecken herangezogen werden.

Schritt 4: Was übrigbleibt, wird hälftig geteilt

Das nach Abzug aller Aufwendungen, Kosten, Unterhaltsverpflichtungen und Selbstbehalte verbleibende Einkommen ist das Einkommen, das zur weiteren Berechnung des Elternunterhalts zur Verfügung steht. Der Betrag wird von den Sozialämtern nicht in voller Höhe herangezogen, sondern nur zu 50 Prozent.

7

Abkürzungsverzeichnis

AMG	Arzneimittelgesetz
Abs.	Absatz
Az.	Aktenzeichen
BAG	Bundesarbeitsgericht
BDSG	Bundesdatenschutzgesetz
BfArM	Bundesinstitut für Arzneimittel und Medizinprodukte
BGB	Bürgerliches Gesetzbuch
BGH	Bundesgerichtshof
BSG	Bundessozialgericht
BtMG	Betäubungsmittelgesetz
BtMVV	Betäubungsmittel-Verschreibungsverordnung
BVerfG	Bundesverfassungsgericht
bzw.	beziehungsweise
EDV	Elektronische Datenverarbeitung
FamPflG	Familienpflegezeitgesetz
FPfZG	Gesetz zur Vereinbarkeit von Pflege und Beruf
GKV	Gesetzliche Krankenversicherung
i.m.	intramuskulär
IGeL	Individuelle Gesundheitsleistungen
KV	Kassenärztliche Vereinigung
LG	Landgericht
LSG	Landessozialgericht
MDK	Medizinischer Dienst der Krankenkassen
NRW	Nordrhein-Westfalen
OLG	Oberlandesgericht
PEG	Perkutane endoskopische Gastrostomie
PflegeZG	Pflegezeitgesetz
PsychKG	Psychisch-Kranken-Gesetz

8

SG	Sozialgericht
SGB	Sozialgesetzbuch
SGB V	Sozialgesetzbuch Fünftes Buch (Gesetzliche Krankenversicherung)
SGB X	Sozialgesetzbuch Zehntes Buch (Sozialverwaltungsverfahren und Sozialdatenschutz)
SGB XI	Sozialgesetzbuch Elftes Buch (Soziale Pflegeversicherung)
SGB XII	Sozialgesetzbuch Zwölftes Buch (Sozialhilfe)
StGB	Strafgesetzbuch
SMD	Sozialmedizinische Dienst der Knappschaft
u.a.	unter anderem
WBVG	Wohn- und Betreuungsvertragsgesetz
VG	Verwaltungsgericht
vgl.	vergleiche
z. B.	zum Beispiel

8

Stichwortverzeichnis

8

8